Kurt-Michael Westermann

Istrien abseits der Pfade

KURT-MICHAEL WESTERMANN

Istrien

ABSEITS DER PFADE

Ein anderer Blick auf die größte Halbinsel der Adria und die Welt der Kvarner-Bucht

braumüller

Bibliografische Information der Deutschen Nationalbibliothek
Die Deutsche Nationalbibliothek verzeichnet diese Publikation in der Deutschen Nationalbibliografie – detaillierte bibliografische Daten sind im Internet über http://dnb.d-nb.de abrufbar.

1. Auflage 2018

Servitengasse 5, A-1090 Wien
www.braumueller.at

Druck: EuroPB, Dělostřelecká 344, CZ 261 01 Příbram
ISBN 978-3-99100-249-9

Für Elisabeth

Ein Maler vor dem Kolosseum in Pula

Inhalt

Ein Vorwort zur Einstimmung

Kein Mensch ist zu sehen. Unsere geräuschlose, e-motorisierte Karosse erregt kein Aufsehen. Bei wem auch? Wir sind allein in der grünen Wildnis. Ein lauer, warmer Windhauch fährt uns in die Haare beim Öffnen des Wagens. Erste Berührungen mit der Natur, fünf Stunden von Wien, drei von Venedig und eine Stunde von Triest entfernt. Das weist zumindest das Navigationsgerät aus.

Das sich weit hinziehende Blätterdach der Hügellandschaft zwischen den historischen Schwestern Rijeka und Triest lässt das südliche Alpenvorland als frische Chlorophyll-Lunge in die fruchtbare Halbinsel Istrien übergehen. Von Horizont zu Horizont nur Blätterwipfel, dicht an dicht. Keine Zäune, keine Hochleitungsmasten, keine Häuser im Blick westlich der Landstraße zwischen den beiden alten Städten – eine Gegend zum Durchatmen. Friedlich liegt sie da, die Urlandschaft, fast etwas langweilig, aber kraftvoll homogen, die Ćićarija, der Tschitschenboden. Seine rumänischen Ureinwohner haben ihre Behausungen und Ställe in dem karstigen Boden aus diesem Material gebaut: kleine Trulli, ähnlich den runden Steinbehausungen im italienischen Apulien, Iglus aus aufgeschichteten Steinen mit einer Kuppelspitze. Heute sind es

Baudenkmäler aus einer lang vergangenen Zeit und erinnern an einen Menschenschlag, der sicher arm, aber widerstandsfähig war und sich seinen bodenständigen Stolz und seine Bescheidenheit bis heute erhalten hat.

Aber da gibt es auch eine ganz andere Seite. Der istrische Mensch wird unter Historikern immer wieder als der kosmopolitischste Bürger Kroatiens bezeichnet. Dieser Landstrich, der heute überwiegend kroatisches, aber auch slowenisches Staatsgebiet ist, hat eine sehr bewegte Vergangenheit hinter sich, war immer fremden Einflüssen und überraschenden Besitznahmen ausgesetzt. Man hat sich wehren, aber auch arrangieren müssen, ist geflohen, zurückgekommen und hat sich vermischt. Ob Illyrer aus dem Süden, Römer, Langobarden, Venezianer, später Italiener, vor allem aber auch Österreicher während der Habsburgermonarchie, Ungarn, durchziehende Franzosen unter Napoleon oder Deutsche in den Weltkriegen – verschont wurde hier niemand, doch konnte man durch Bauernschläue und sture Gelassenheit zumindest den einfachen Besitz, manchmal auch die Höfe und so manches Leben retten. Anpassung als Schutz zur Eigenständigkeit ist in Istrien wohl eine Wesensart, die dieser charakteristischen Halbinsel ihre Vorteile erhalten hat. Die kolportierte Posse: Als im frühen 19. Jahrhundert Franzosen auf den Balkan zumarschierten und österreichische Wachen die Bajonette einer Truppe im Istrischen sichteten, aber auf keine eigene Truppe Zugriff hatten, haben diese mit Bauern zusammen eine Hügelkuppe so knapp bestiegen, dass nur ihre Mistgabelspitzen zu sehen waren. So zeigten sie der französischen Formation nicht die wirkliche Personenanzahl und haben dann im Verborgenen so viel Lärm mit Töpfen und Geräten erzeugt, dass sich die fein Uniformierten zurückzogen und einen anderen Weg in den Süden nahmen. So blieben die Bewohner Istriens erfolgreich und bescheiden, was bis heute Gültigkeit hat.

Der Wechsel von der italienischen Zugehörigkeit nach dem Zweiten Weltkrieg zu Jugoslawien und den pseudonationalen Abenteuern der Tito-Ära ist immer noch spürbar, die Vereinigung mit der Europäischen Union ist noch immer im Werden. Der Fortschritt zu modernen Maximen zeigt sich nur langsam, aber dennoch beharrlich und in manchem nachhaltiger als anderswo, etwa in der Architektur. Die Bausünden, die die kommunistische Geisteshaltung hervorbrachte, verschwinden nur schleppend, werden modern adaptiert oder ganz der Vergänglichkeit überlassen, manche auch als Denkmal einer besonderen Epoche gepflegt.

Aber wo ist denn nun eigentlich das Meer? Istrien ist doch eine Halbinsel, da ist ein Gewässer als andere Hälfte unabdingbar. Die als Schaf- und Ziegenställe oder Lebensmittellager genutzten Steiniglus sind ja besondere landmarks, aber doch nur eine leicht übersehbare Sensation – immerhin ist eine Ziege pittoresk im Wappen Istriens verewigt worden. Doch die Küste, der freie Horizont der See, das ist das eigentliche Ziel, wenn man auf eine Halbinsel reist, sie ist es, die einen anzieht. Vordergründig ist diese Halbinsel zwar zuerst einmal eine Sackgasse, aber das hat eben seinen speziellen Reiz.

Der Blick in die Weite aus Himmel und Wasser hat wohl für die meisten Menschen etwas Magisches. Die Sicht auf die vorhandene Natur regt den Geist an. Wellenschläge, Möwenschreie oder Bootsmotoren sind dabei Assoziationsfaktoren, die ein ganz spezielles Milieu erschaffen, das in der Gegenwart durch Natur erfahrbar wird. Es ist ein einzigartiges Meer, das Istrien begrenzt, denn die Adria hat fast alle Eigenschaften und Vorzüge des Mittelmeers, sie bleibt überschaubar und ist äußerst angenehm zu bereisen, wurde hier doch (noch) nichts kaputtmodernisiert. Natürlich ist es Ansichtssache, wie viel Wert man darauf legt, jeden Winkel schnell und bequem

Hum: Das Stadttor schützt auch die kleinste Stadt, um zu bestehen.

Frühe Behausungen tun immer noch Dienst – Kažuni bei Vodjan

erreichen zu können. Andere schätzen die Belassenheit mehr als eine perfekte Infrastruktur. Vielerorts wird die Felsenküste jedenfalls mehr und mehr bebaut, dennoch bestimmt in weiten Teilen die herrlich wilde Natur nach wie vor den Charakter Istriens. Der Standard von Hotels und Badeplätzen wird in Ausstattung und Service beständig höher – wie die Erwartungen von Bauherren und Gästen auch, gepaart mit der Hoffnung auf ein günstigstes Preis-Leistungs-Verhältnis – eine Quadratur des Kreises, die gerade hier immer mehr gelingt! Für den Urlaubstraum gibt es eben kein Patentrezept. Besonders für ein Land, das nach einer langen, selbstbewussten sozialistischen Vergangenheit neue Wege in die moderne kapitalistische Wertewelt sucht, stehen viele internationale Beispiele zur Auswahl, um Bau- und Marketingsünden nach Möglichkeit zu vermeiden. Und es gibt inzwischen viele Projekte, um alte Architektur erhalten und Gäste nicht nur mit Sonne und Meer anlocken zu können. Auch die wiedererwachte bodenständige Identität führt sichtbar zu erstaunlicher Vielfalt und erfreulich hoher Qualität landwirtschaftlicher Produkte, die viele Besucher zu Kennern und viele Gourmets zu Dauerbesuchern werden lässt. „Der Weg ist das Ziel“ wird gern als Beschreibung für das Erleben des Moments zitiert – und genauso wahr bleibt es. Auch wenn neue Autobahnen dazu verleiten, „Strecke zu machen“, um schneller an Hauptorte, berühmte Plätze oder zu Lieblingsadressen zu gelangen, abseits dieser eingetretenen Pfade gibt es die vielen stillen Refugien, die durch ihre Geschichte und ihre Bewohner immer weiter zum Wandel beitragen und diese geografische Region in all ihrer Besonderheit und Schönheit erlebbar werden lassen. Es gibt noch so viel zu entdecken und zu verstehen.

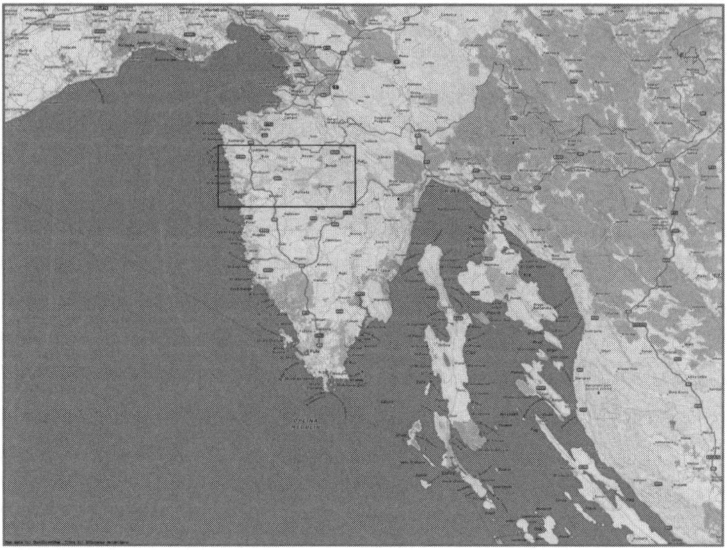

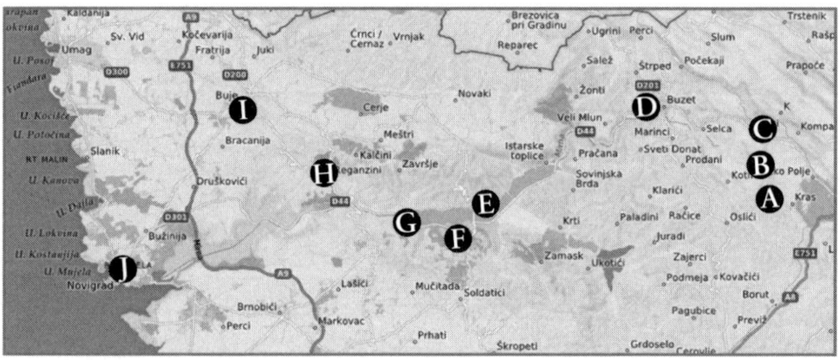

A Hum, die kleinste Stadt der Welt
B Ein Weg für die glagolitische Schrift
C Stadt der beweglichen Lettern: Roč
D Liburner Stadt für stille Genießer
E Rekordfundort istrischen Golds: Livade
F Festung und Festivalstadt Motovun
G Mirna – die Wasserader zur Adria
H Künstlermetropole Grožnjan
I Winzerhochburg Buje
J Einkehren am Meer bei Sergio im Čok

01 Durch istrische Hügel - durch istrische Zeiten

Von Hum über Motovun an die Küste (Livade, Grožnjan, Buje, Buzet)

In der Ćićarija beginnt man seine istrische Reise als heutiger Neuankömmling, ähnlich der frühen Siedler aus dem Rumänischen, die im Zuge der Ausweitungsversuche des osmanischen Reichs ab 1329 kamen und deren Sprache es dort noch heute gibt: das Čakavische.

Vorher aber, etwa 1200 Jahre v. Chr., lebten hier die Liburner, denen man inzwischen die gesamte Küsten- und Inselregion zuordnet. Welche Stämme der Liburner wann und woher kamen, ist aber nicht gesichert. Man nimmt an, dass Zweige der südlicheren Illyrer hierherzogen, die Küstengebiete der Gegend eroberten, sich niederließen und es Liburnien nannten. Im Inneren und im Norden der Halbinsel Istrien hießen sie dann Histrier. Im Osten Japoden und im Süden, unterhalb der Kvarner-Bucht, Dalmaten.

Es waren Geschichtsschreiber aus griechisch-römischen Gefilden, die es uns so überlieferten. Das Küstenvolk bestand aus fleißigen Fischern, gefürchteten Piraten und gewieften Händlern zur See. Der Romanisierung, wie es immer so friedlich heißt, die Eroberung des gesamten Mittelmeerraumes durch die Römer, über einen Zeitraum von gut 700 Jahren, entkam bis 535 n. Chr. kein Volk an seinen Küsten. Danach, als das Römische Reich unter dem Ansturm der Völkerwanderung aus dem Osten zusammenbrach, ging die christliche Macht an Ostrom, also Byzanz am Bosporus, über. Die verschiedenen Slawen-Stämme, die aus der Weite des Ostens bis tief nach Mitteleuropa strömten, besetzten die durch Flucht verlassenen Gebiete und betrieben dann vor allem Ackerbau und Viehzucht. Südslawen drangen als Slowenen und Kroaten im 7. Jahrhundert bis zur nördlichen Adria vor, als direkte Nachbarn der liburnisch-histrischen Bevölkerung, und vermischten sich im Laufe der Zeit mit ihr. Das Hochplateau, das im Norden Istriens, zwischen Triest und Rijeka, beginnt und weit in die Halbinsel hineinreicht, wurde von rumänischen Slawen bevölkert, die ihre Sprache stark in der abgelegenen Landschaft erhalten konnten, das Čakavische eben.

Zwei missionierende Mönche wurden von Konstantinopel aus, dem vorherigen Byzanz, tätig. Ihre neu entwickelten Schriften, so die Idee, sollten die Christianisierung für die nördlichen Slawen-Stämme attraktiver machen. Die Brüder Kyrill und Method versuchten es mit zwei Schrift-Varianten und wollten die lateinische Schrift durch neue, einfachere Eigenständigkeit ersetzen. Die kyrillische Schrift setzte sich bei den orthodoxen Serben und Bulgaren durch, die glagolitischen Lettern wurden vor allem am Kvarner und in Istrien angenommen. Bis ins 20. Jahrhundert hinein wurden sie für Kirche und Justiz geschrieben und gedruckt. Die Meister dieser Schrift blieben Mönche und sie predigten, auch als römisch-katholische Priester, immer auf Kroatisch und nicht in Latein. Dieser Widerstand im Kleinen wohnt allen Bewohnern der Region inne, vermutlich weil gegen die großen Mächte nur dieses Maß an Freiheit möglich war. Das erste kroatische Königreich wurde 925 mit dem Schutz des Papstes Johannes X. durch Tomislav als Land Chrobatia gegründet, es bestand vorerst nur bis 1102. Erbstreitigkeiten aus einer Union mit Ungarn, deren

Motovun, venezianischer Löwe im Altstadttor, allgegenwärtiges Zeichen der Macht

König auch der von Kroatien, Slawonien und Dalmatien war, wurden in einer Schlacht gegen die Magyaren beigelegt. Ein kroatischer Statthalter vertrat diese drei Erbländer nach 1102 unter den Venezianern, bis Ungarn später an Österreich fiel und damit alle zu einem Teil des Habsburgerreichs wurden.

Die Küste war ununterbrochen Widersachern ausgesetzt, nach der ersten Jahrtausendwende vor allem den Venezianern. Der geflügelte Löwe hielt fast 800 Jahre lang in allen Regionen an der östlichen Adria Einzug. Napoleon mit seinen Armeen trat ab 1797 die Nachfolge an, in dem er den Adelsleuten der Lagunenstadt den Garaus machte. Auch Österreich-Ungarn machte er die Vorherrschaft streitig, doch seine vielen Fronten bereiteten mit der Niederlage in Russland auch seinem Balkan-Abenteuer ein baldiges Ende.

Die grüne, kühle Ćićarija blieb mehr oder weniger unangetastet, sie zu bezwingen, war zu wenig Erfolg versprechend, sie blieb höchstens Durchzugsgebiet, und so erhielt sich auch die Sprache der Hirten und Bauern. Die einfachen, grauen Kažuni, Zelte aus Steinen, die man bei der Feldarbeit fand und dazu gedacht sind, Güter, Tiere und sich selbst zu schützen, bestehen bis heute. Die flachen Steine wurden zu mörtelloser

Architektur kreisrund aufgeschichtet, raffinierter als die Trennmauern (Gromače) ihrer Felder oder Grundstücke, sehr schlicht, schön, einfach und stabil. Die Krone ist der Schlussstein am schrägen Dach, der oft auch verziert wurde. Diese urzeitlichen Bauten kommen auf Istrien auch andernorts vor – ja auch in anderen Ländern, wie Italien, Irland oder Afrika –, eine archaische Architektur, die beim Rückblick als kulturelle Leistung erstaunt. Auch die Gromače, die grauen Steinmauern aus ursprünglich hellem Kalkstein, gibt es in vielen anderen Ländern der Welt. Dennoch nehmen sie einen wunder, weil man sie in Mitteleuropa heute selten sieht und sie hier die Landschaft so stark prägen. Sie sind eine organische, grafisch wirkende Landschaftseinteilung, aber nicht als Landart entstanden, sondern aus natürlichen Existenzgründen, um Tiere und Pflanzen voreinander zu schützen und Ressourcen so zu lenken, damit das Überleben gesichert bleibt. Nebenbei sind sie wunderschön. Die Patina aus Witterung und Zeit haben ihren Anteil daran. Während ich an einer der Mauern gelehnt etwas weiter entfernt eine dieser Steinhütten entdecke und mir das Leben eines Feldwächters während deren Entstehungszeit

Gromače – Karststeinmauern dienen der Sicherung von Vieh und Quellwasser.

vorzustellen versuche, bei dessen weidenden Schafen in der Natur oder gar bei plötzlich aufkommendem Gewitter, da schlüpft eine kleine, schillernde Echse über den sonnenwarmen Stein. Ein lebendiger Moment in tiefer Ruhe, der entspannt ins Jetzt zurückführt.

Mauern mit Wehrtürmen umgeben Kirchen, Rathäuser, Gerichte, Bürgerhäuser und Höfe, so sind frühe Siedlungen meist gewachsen und geplant worden. Die Hierarchien innerhalb der Bevölkerung sorgten für geordnete Machtverhältnisse, und so findet man, über fast alle besonderen Einflüsse der Einwanderer und Eroberer hinweg, die drei wichtigsten Gemeinschaftseinrichtungen nah beieinander. Meist liegen in Kroatien alle am Hauptplatz, das Gericht, die Loggia, ein offenes Rechteck aus Steinbänken, geschützt durch ein von eleganten Säulen getragenes, flaches Walmdach, das Rathaus, die Kirche oder der Dom. Seitdem die Justiz in geschlossenen Häusern tagt, sitzt man gern bei einem Plausch in der Loggia gesellig zusammen. Das kühle Innere der Kirche gleich gegenüber sorgt für Zuflucht bei Hitze und Kummer, ergötzt staunende Fremde und versammelt die Gemeinden zu Gottesdiensten, Konzerten und bildet den Anfang vieler Feste. Typische Melodien mit langer Tradition in Istrien, an der Kvarnerbucht und weiter südlich in Dalmatien finden sich vor allem in A-capella-Gesängen, die von vier bis acht Personen, üblicherweise von Männern, dargeboten werden: die Klapa.

Die nicht temperierte istrische Tonleiter wird durch zwei Stimmebenen und starke Rhythmen getragen. Der Gesang berührt den Fremden durch seine fast sakrale Leidenschaft, die die Sänger, Musiker und Tänzerinnen in ihren fein gearbeiteten Trachten ausstrahlen. Inzwischen hat die UNESCO diese Kunst als Weltkulturerbe anerkannt und versucht sie mit diesem Label zu schützen. Die schwarzen Wollpumphosen mit Bündchenschleifen und weißen Leinenkragen, Holzschuhe und schwarzen Filzkappen beeindrucken harmonisch neben

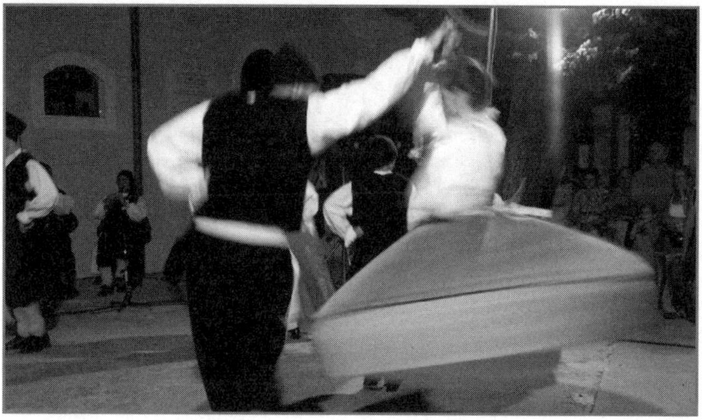

Klapa-Musik mit Tanz in traditionellen Trachten erlebt man oft auf Volksfesten.

den bunt tanzenden Mädchen in ihren goldenen, grünen oder violetten Taftkleidern mit Puffärmeln und vielen Lagen weißer, gehäkelter Baumwollunterröcke, die glockenartig geweitet über den Platz schweben. Wie kann es sein, dass mich ein solch aus der Zeit gehobenes volkstümliches Ereignis so berührt? Wurzeln kleiner Wunder scheinen tief im Unbewussten zu beginnen.

Der Besuch in der angeblich kleinsten Stadt der Welt, damit wird hier jedenfalls glaubhaft geworben, führt unterhalb der Ćićarija-Felskante ins Innerste der Halbinsel. Eine Stadt mit gerade mal zwanzig Einwohnern, wie kann das angehen? Das hügelige Plateau ist die Terra rossa Istriens. Rot und fruchtbar ist die Erde auf dem hellen Karstgrund. Festungsreste, eine Kirche, die Loggia, eine Konoba als Gasthaus, eine Galerija mit handwerklichen Andenken und einige alte Wohnhäuser gibt es, die aus dem Mittelalter stammen und halbwegs erhalten geblieben sind. Hum ist der Name dieser besonderen Stadt.

Es ist eine Idylle wie aus Gemälden der Romantik. Ruinen mit Stadttor, ausschließlich Gebäude aus grauem, bemoostem Stein, eingepasst in eine Umgebung aus hoher Macchie und einigen großen Bäumen, wie Kastanien und Linden. Es gibt

Klein, aber fein: Hum, die Kirche St. Hieronymus aus dem 12. Jahrhundert …

keine Motorengeräusche, die paar Autos auf einem naturbelassenen Platz vor den Gemäuern stehen still. Ein wundersamer Ort versteckt im grünen Dickicht.

Hier wird der Bürgermeister jedes Jahr neu gewählt. Jede der vier Kanten eines Stück Holzes entspricht einem Kandidaten und die Wähler fügen eine kleine Kerbe als ihre Priorität hinzu. Wer die meisten Kerben hat, ist dann bis zum nächsten Juni gewählter Patron der Stadt Hum. Klipp und klar hat der mit den meisten Kerben am Kerbholz die Wahl gewonnen. In der „Humska Konoba", dem Lokal der Stadt mit Terrassenblick ins Grüne, kann dann die Nedeva gemeinsam genossen werden, ein besonders guter Serviettenknödel mit Gulasch. Dazu fließt der anderswo kaum bekannte, hervorragende Mistelschnaps am jährlichen Wahlfest des zweiten Juni-Samstags. Die Klänge eines Gitarrenspiels vereinen die Gesamtbevölkerung des abgeschiedenen Hum – zufriedenen mit der Welt.

Die von Aleksandar Merlak geführte Humska Konoba, das einzige Gasthaus der kleinsten Stadt der Hemisphäre, braucht keine Konkurrenz zu fürchten und ist vielleicht auch deshalb großartig. Einfach – und so gut – ist dieses Gasthaus mit solide überdachter Terrasse, einem Lebensmittelladen und warmer

Küche. An Tischen und Stühlen erweisen sich beim sofortigen Verzehr die schmackhaften Würste, luftgetrocknete Schinken (Pršut), Lamm, Kartoffeln und Polenta als Delikatessen. In den Vitrinen und Borden lagern jede Menge Flaschenweine und Öle, die keinen internationalen Vergleich scheuen müssen. Die Luft und die Stille mitten in der Natur tun ihr Übriges, um einen nach dem Essen vom einzigartigen Mistelschnaps kosten lassen zu wollen oder das vorhandene Rauchverbot im Freien seitlich der Terrasse genüsslich zu umgehen.

Bevor es weiter über Buzet gegen Westen geht, sei noch einmal auf die frühe Zeit der Alphabetisierung, beflügelt durch die Schriftschöpfungen der Brüder Kyrill und Method, hingewiesen. Ein Abstecher zur kleinen Festungsstadt Roč lässt staunen, wie früh in diesem entrückten Landflecken die Buchdruckerkunst ausgeübt wurde und bis heute stolz hochgehalten wird. Die um 820 n. Chr. eingeführte glagolitische Schrift, durch fleißiges Übersetzen von heiligen Texten in den Klöstern, hat damit zur angewandten Verbreitung des christlichen Glaubens stark beigetragen. Roč wurde damit im ausgehenden Mittelalter bereits ein Buchdruckerzentrum. Im Jahr 1483

… und die verwunschene Atmosphäre des mittelalterlichen Gemäuers.

druckte man hier schon das erste kroatische Buch. Das Messbuch, das Missale in Altkroatisch beziehungsweise Čakavisch, wurde zum Grundstein für den Erfolg der modernen Drucktechnik in der Provinz Istriens. Was in Mainz mit den lateinischen Buchstaben nur 30 Jahre zuvor durch die von Johannes Gutenberg erfundenen „beweglichen Lettern" begann, wurde hier gleich mit glagolitischen Lettern betrieben. Ein Meilenstein in der Kulturgeschichte des Landes! Die Christianisierung war auch in den slawischen Volksgruppen nicht mehr aufzuhalten, die allgemeine Bildung ebenfalls. Hier, am Rande des rauen Hochlandes, das sich als Ćićarija, ein etwa 50 mal 70 Kilometer großes, aber dünn besiedeltes Berg- und Waldgebiet, das sich mit den seit tausend Jahren heimischen Rumänen einen Namen gemacht und eine eigene Sprache hervorgebracht hat, das Istrorumänische, wird hoch qualifiziert gedruckt. Die gotische Antonius-Kapelle, gleich hinter der größeren St.-Bartholomäus-Stadtkirche, beherbergt noch heute das einzigartige Abecedarium, wo das berühmte glagolitische Alphabet in den Querbalken eines Kreuzfreskos eingeritzt wurde. Dieser Schatz ist der ganze Stolz der istrischen Slawen und heutige Basis für die Schrift, die zwischenzeitlich allerdings aus der Mode gekommen ist. Die Neubesinnung auf diese historische Leistung hat einen gewissen Frane Paro dazu gebracht, in der ganzen Welt nach beweglichen Lettern Ausschau zu halten, und es ist ihm gelungen, aus den USA, England und der Schweiz dieses frühe volkstümliche Alphabet aus Holz wieder zusammenzustellen. Mit dem Nachbau einer Original-Gutenberg-Druckerpresse ist die Lücke der besonderen Tradition inzwischen wieder geschlossen worden. Auf dem Abschnitt zum kleinen Ort Roč findet man nicht zuletzt eine alte Glagolitische Allee, die zweite ihrer Art zu Ehren der alten slawischen Schrift, mit Skulpturen aus Stein in Form ihrer Lettern. Als gelernter Schriftsetzer verbindet mich einiges mit diesen beweglichen Lettern, die in dieser Form und Größe mich selbst zur Beweglichkeit animieren. Beim Klettern über einige von ihnen sinne ich über den Wandel durch geniale Erfindungen nach, wie eine die andere unschuldig verdrängt, weil sich die Mehrheit der Mittel ihrer Zeit bedient. Gutenbergs 500-jährige Praxis ist inzwischen durch Bill Gates und Steve Jobs so weit Geschichte geworden, dass deren stille Revolution anderswo kaum mehr als solche empfunden wird. Hier auf der abgelegenen Lichtung im istrischen Wald bringt mir das die Glagolitische Allee bei einer Jause wieder ganz klar vor Augen.

Die Weiterfahrt durchs istrische Binnenland rund um das Quellgebiet der Mirna führt durch eine weit gestaffelte Hügellandschaft. Das beschauliche Cruisen im Auto erzeugt eine Art Schwebezustand, es geht durch Täler und über Bergrücken entlang des größten Flusslaufs der Halbinsel. Er entspringt bei Hum und schlängelt sich 53 Kilometer bis zur Mündung in die Adria bei Novigrad als historisch wichtiger Wasserlauf dahin, ein pittoresker Leitfaden zum Meer. Die großen Wälder bei Motovun haben sich die Habsburger dann 1816 gesichert, sie sollten unter dem Forstbeamten Josef Ressel als Reservat für den Schiffsbau in Pula dienen. Im Tal, vorbei am kleinen Ort

Schäfer und Herde im Mirnatal als Landschaftshüter

Livade, ist der Fluss dort für den Transport noch heute begradigt und kanalisiert. Flößer sieht man keine mehr, eher Hirten, deren Schafe den Wiesengrund rund um die Mirna durchs Äsen gepflegt halten. Und überall auf den Hügelspitzen erblickt man kleine Ortschaften.

Die Festungsstadt Buzet liegt 158 Meter hoch. Deren Äußeres prägten seit dem 15. Jahrhundert die Venezianer. Die kleine Stadt mit ihren 1700 Einwohnern gilt, wie einige Nachbarorte auch, zu den Trüffel-Hotspots. Der nahe, feuchte Wald macht es möglich. Schnüffelhunde haben heute die Trüffelschweine abgelöst, weil diese die Trüffel nicht fressen würden. Die Nachfrage ist, auch über die sozialen Medien, stark gestiegen und stellt eine erhebliche Einnahmequelle dar. Zu Anfang der Saison wird die größte Fritaja aus inzwischen 2018 Eiern (seit 1999 kommt jedes Jahr eines hinzu) und 10 Kilogramm Trüffeln für die Öffentlichkeit in einer Pfanne mit mehreren Metern Durchmesser gebacken – ein einmaliges Fest zur Geburt Marias. Die Subotina, am zweiten Wochenende im September, sorgt auf dem Marktplatz Trg Fontana stets für große Anziehung.

Saisonunabhängig sind aber auch die barocken und älteren Sehenswürdigkeiten einen Besuch wert. Zwischen den beiden Stadttoren Vela und Mala Vrata liegen am zentralen Platz das Rathaus, Bürgerhäuser, eine Zisterne und die Maria-Himmelfahrts-Kirche (Uznesenje Marijina) sowie das Volkskundemuseum mit Trachten und Töpferkunst.

Auf der oft von Zypressen gesäumten Höhenstraße, die sich parallel zum Mirna-Tal über die Hügel windet, ist am Weg nach Westen für wechselhafte Ausblicke gesorgt. Motovun auf der anderen Seite des Tals erhebt sich 277 Meter über dem Wasserlauf und lohnt unbedingt einen Besuch. Natürlich muss man sich dazu in die Niederungen begeben und passiert damit den kleinen Ort Livade, der sich in den letzten Jahren eines Weltrufs unter Trüffelfreunden erfreut, der sich auch durch

Giancarlo Zigante –
der Trüffelkönig von Livade
mit Früchten seines Rufes

den Rekordfund eines 1,5 Kilogramm schweren Trüffels begründet hat. Ein ausgezeichnetes Restaurant folgte durch seinen Finder, Meister Giancarlo Zigante, alsbald dort. Auch der dazugehörige Shop mit allerlei Spezialitäten und Trüffelprodukten in Gläsern machen einen Stopp zu einem kulinarischen Highlight.

Doch es gibt hier nicht nur Trüffel: 33 Jahre lang hat die Parenzana-Schmalspurbahn die Mirna auf ihrer Strecke zwischen Triest und Poreč gekreuzt. Ein Mini-Museum erinnert noch an diese wichtige Transportmöglichkeit für die Bauern, damit sie an die größeren Märkte gelangen konnten. Mussolini ließ die Schienen aber 1935 demontieren, um sie in Äthiopien (seinem kolonialen Abessinien) einzusetzen. Sie kamen dort allerdings nie an, weil der Frachter vorher sank. So ist Istrien heute nur ein Radfahrwanderweg auf dem Gleisbett geblieben, zur Freude von Rad- und zum Bedauern von Bahnfreunden. Ein Drittel dieser 123,1-Kilometer-Strecke wäre für einen Abstecher zur „Hauptstadt" (Sitz der Gespanschaftsverwaltung) Pazin geeignet, aber auch für Autofahrer abseits der Schmalspur ist die Straße dorthin ein herrliches Hügelreiten. Höhlenkletterer hätten dort die einzigartige Gelegenheit, über ein Seil die Schlucht zu queren, um in die gegenüberliegende, tiefe

Das „Wohnzimmer" von Motovun: Kirchen- und Festspielplatz

Grotte des Flusses zu gelangen, unter der befestigten Stadt. Schon Odysseus soll sie zur Donauentdeckung verführt und Dante als das Tor zur Unterwelt in seinem Werk „Die Göttliche Komödie – Inferno" inspiriert haben.

Der aufragende Mauerring samt dem 24 Meter hohen romanischen Festungsturm, der zur gotischen Zeit als Kirchturm mit gezackter Krone gebaut wurde, lädt zum nächsten Stopp ein: Motovun. Spiralartig windet sich die alte Straße über den Parkplatz hinaus zum venezianischen Wehrtor. Steil kommt man auf dem mittelalterlichen Kopfsteinpflaster hinein in die gute alte Stube, den von antiken Mauern umgebenen Hauptplatz, vor der Kirche Sveti Stjepan und dem Hotel „Kaštel" nebenan. Zahlreiche Restauranttische unter ausladenden Kastanien fordern zur Einkehr auf, bevor man den stufenreichen Rundgang auf der Mauerkrone unternimmt oder einen nach langen Vorführungen zur Filmfestivalzeit im Renaissance-Palais Ende Juli der Hunger übermannt.

Gegenüber sieht man jetzt gut die Gegend, aus der man hierherkam, sie wirkt von der Mauerkrone aus wie eine dreidimensionale Landkarte. Die kleinen Siedlungen mit spitzen Campanile-Dächern machen auf Momjan neugierig und weit hinten ahnt man Grožnjan sowie Buje. Orte, die alle nur wenige Kilometer voneinander entfernt liegen. Sie haben sich die herrliche Ruhe vergangener Epochen in ihren alten Gemäuern erhalten, die Einrichtungen ähneln sich sehr, aber es sind letztlich ihre unterschiedlichen Bewohner, die ihnen Individualität verleihen.

Im nahen Momjan halten mittelalterliche Ruinen die Stellung als Zeugen ihrer Entstehungszeit. Diese Orte hatten alle schwere Nöte zu überwinden: Invasionen verschiedener Eroberer, Pest, Missernten, die Industrialisierung und die damit verbundene Abwanderung, ethnische und politische „Säuberungen".

Heute trifft hier wieder Weinstraße auf Olivenölroute, die zu Verkostungskellern und Ölmühlen führen. Sie zeigen erfolgreich die Qualität der Früchte dieses Bodens und die Bemühungen um eine besondere Art der Kultivierung durch ihre Bauern. Das belebt die Region nachhaltig.

Grožnjan war fast vollständig verlassen. Dabei liegt es wunderschön auf einer Anhöhe, von der aus man den Überblick

Im „Tresor" von Giordano Fatoric, der Meister prüft die Pršut-Reife.

auf das Hügelland ringsum mit den Nachbarorten hat und sogar die Adria fern glänzen sieht. Die engen Gassen in den alten Mauern aus grauem Kalkstein, die organisch vom Hauptplatz durch die dicht aneinandergebauten Wohnhäuser zu Aussichtsterrassen, Gärten und wieder zur Renaissance-Loggia leiten, bilden ein so harmonisch gewachsenes Ensemble, dass man die freiwillige Aufgabe dieses Ortes kaum begreifen kann. Aber die Not der Menschen war offensichtlich zu groß, Amerika als Ziel für Auswanderer zu verlockend. Die leer stehenden Orte jedoch deprimierten die Zurückgebliebenen in der Region, sodass man nach einer Lösung zur Neubelebung suchte. Man warb interessierte Künstler an und ließ sie kostenlos Quartier nehmen. Das geschah bereits in den 1980er-Jahren und wurde zunehmend angenommen, sodass die heruntergekommenen Häuser inzwischen größtenteils vorsichtig restauriert und wieder bezogen werden konnten. Die Dorfgemeinschaft hat sich als Kollektiv zu bescheidenem Wohlstand hochgearbeitet, lebt nicht nur von der Kunst allein, sondern auch von landwirtschaftlichen Erträgen, von der Gastronomie und von kleinen Läden, die ebenso der Selbstversorgung dienen. Es gibt Wein, Obst, Gemüse, Backwaren und Schnäpse. Aber über allem steht weiter der Ruf als Künstlerkolonie, der für Anziehung sorgt und durch regen Besuch die notwendigen Einkünfte zu sichern scheint. Hier wird gemalt, musiziert, Theater gespielt und getanzt. Die Galerien werden gern besucht und das Jazz-Festival ist inzwischen legendär. Konzerte, Vernissagen und Workshops werden stark frequentiert, sprechen sich in der Welt herum und bleiben doch bodenständig ländlich – genau deshalb sind sie so erfolgreich. Dieses Geschäftsmodell hat Schule gemacht. Auch andere Orte ringsum haben neue Festivals ins Leben gerufen und alte Bräuche und Feiern wiederbelebt. Das nahe Svetvinčenat-Festival zum Beispiel

Im Weingarten von „Bienvenuti" bei Motovun mit Winzerkollegen aus Südafrika

Eintauchen ins mittelalterliche Višnjan bei Buje

will sich als internationales Tanz- und nonverbales Theaterfestival im Mittelmeerraum etablieren. Vodnjan wartet mit dem Eselfest Bumbarska fešta am zweiten Samstag im August auf und versucht, mit einem Graffiti-Treffen durch wild bemalte Häuser um Aufmerksamkeit zu werben. Aber es lohnt allemal, sich zu informieren, um zu wissen, was, wann und wo stattfindet, will man die neue Lebendigkeit miterleben. (Weitere Infos dazu am Ende des Kapitels.)

Das 222 Meter hoch gelegene Buje hält wieder architektonische Kleinode aus seiner venezianischen Blütezeit bereit. Paläste und die Kirche des Heiligen Servolus (Sveti Servul) mit ihrem 50 Meter hohen Campanile grüßen den Ankömmling stolz. Öl, Wein und Spargel sorgen hier für Wohlstand. Beim Oleum Olivarum im März finden die Prämierungen der besten Olivenöle statt. Im April kochen beste Köche mit wildem Spargel um die Wette. Eintauchen in die Atmosphäre dieser Gipfelstädte lässt manchen Italienkenner vergessen, dass er nicht in der Toskana, sondern in Istrien ist. Auch die Weine entwickeln sich mehr und mehr zu ähnlicher Qualität wie im Nachbarland. Der staubtrockene Teran kommt in seiner dunkelroten Färbung und der eleganten Graduierung leicht an die eines Montalcino heran. Die gelassenen, aber ehrgeizigen

Das Čok in Novigrad. Patron Sergio Jugovac präsentiert „the catch of the day".

Winzer geben gern in ihren oft neu gebauten, erstaunlich gestylten Gütern Führungen und Kostproben. Allein die vergleichsweise geringen Mengen verbrauchen sich meist im Inland und finden dadurch noch kaum den Weg in ausländische Regale. Will man sich nicht in einem der schönen, modern ausgestatteten Gästezimmer oder Apartments, die dort auf oft alter Bausubstanz mit wunderbaren Gärten und kühlendem Swimmingpool zunehmend entstehen, einquartieren, sondern direkt an der Adria, dann hat man es nicht weit.

Nach Umag oder Novigrad braucht man keine halbe Stunde mit dem Wagen. Die Hänge hinab auf den Landstraßen zu kreuzen, die die neue Autobahn von der nahen slowenischen Grenze bei Piran bis nach Pula am Südzipfel der Halbinsel jetzt schnell verbindet, bringt einen durch die flachere Küstenlandschaft mit Höfen und Agrarwirtschaft und hinein in den Trubel aus Verkehr und Touristencamps am Meer.

Rezept

FRITAJA – EIERSPEISE MIT FRISCHEM TRÜFFEL ODER WILDSPARGEL

Zutaten:
2 Eier
Butter oder Schweineschmalz
Salz, frischer Pfeffer
etwas Olivenöl
1 fein geschnittenes Salbeiblatt
frische Trüffel oder Wildspargel nach Belieben

Zubereitung:
Butter, noch besser Schweineschmlaz, heiß werden lassen, die Eier nur leicht verschlagen und salzen, in die Pfanne geben und etwas anziehen lassen. Mit der Gabel durchrühren und auflockern, während die Eier stocken. Die Konsistenz soll so gehalten werden, dass das Eiweiß noch teilweise sichtbar bleibt. Pfeffern, mit Salbei würzen und kurz vor dem Servieren frische Trüffel darüber reiben.
Alternativ im Frühjahr: Statt Trüffel wilden Spargel vorab in die Pfanne geben, kurz mit Olivenöl anbraten und die Eier darübergeben

Adressenauswahl

Humska Konoba
HR-52425 Roč/Hum, Cik Cak dizajn, Hum 2,
Tel.: +385 2 660005 und +385 91 600 3456, www.istria-buzet.com
In der Altstadt von Buzet wird die tolle Knolle traditionell am ersten Wochenende nach Allerheiligen gefeiert. Das Programm der „Dani tartufa" bestreiten Trüffel, Wein, landwirtschaftliche Produkte, Handwerk und Folklore.

Natura Tartufi,
Srnegla 21, 52420 Mala Huba
Tel.: +385 52 554 057, www.naturatartufi.com
Von Mai bis 3. Dezember: 9–19 Uhr, täglich geöffnet
Von 4. Dezember bis 15. Februar: 9–19, So geschlossen
Von 15. Februar bis April: 10–17, So geschlossen
Fast 50 Jahre Erfahrung bei der Trüffelzucht. Herstellung, Verkostung und Suche bietet die Familie Puh allen Interessierten an.

Stara Ostarija
52420 Buzet, Petra Flega 5, Tel.: +385 (52)/69 40 03
Von außen unscheinbar, drinnen große Sicht durch Panoramafenster. Feinste Slow-Food-Küche!

Zigante
Zigante, Livade 7, 52427 Livade, Tel.: +385 52 664 302
Das noble Trüffelrestaurant steht da im Mirnatal wie ein Bahnwärterhaus aus dem 19. Jahrhundert, im Fachwerkhausstil und mit schmiedeeisernen Stützen des kleinen Baldachins über dem Eingang. Das war es wohl auch zu Zeiten der Parenzaner Bahn so, aber jetzt ist es ein Tempel, was die gegenüberliegende Terrasse mit Säulendach diskret unterstreicht, denn hier ist das weiße Gold zu Hause und das sogar in Weltrekordgröße. Im

bescheiden wirkenden Mirnatal geht es doch um Superlative: Die kleinste Stadt und der größte Trüffel des Erdenkreises, wie es das Guinness-Buch der Rekorde ausweist. Nun – Berührungsängste sind fehl am Platz, auch wenn immer edlere Einrichtungen und weiße Damastdecken den Raum bestimmen, aber jeder hat Zugang und irgendwie bleibt es leistbar, man muss ja nicht, kann aber auch gar nicht, den Riesentrüffel bestellen. Dieser liegt als Trophäe unter Glas im Restaurant zur Begutachtung für alle Interessenten. Fein ist es schon, dieses Lokal. Fein sind auch viele weniger ausgezeichnete Konobas, doch es ist schon etwas Besonderes, beim König der istrischen Trüffel zu speisen oder zumindest etwas aus den vollen Regalen des angeschlossenen Ladens als Souvenir für die Küche zu Hause oder für Freunde mitzunehmen. Ja, man kann sich seinen Trüffel auch selber suchen, nicht nur im Geschäft, sondern in der freien Natur. Die Zigante-Familie bietet geführten Gruppen in Montur mit Hunden die Chance, die eigene Knolle in frischer Luft zu finden. Anmeldungen über die website www.zigantetartu.com.

Von Oktober bis November lockt die Trüffelmesse **„Dani Zigante tartufa“** an zehn Wochenenden (Sa.+So.) nach Livade. Präsentation landwirtschaftlicher Produkte, Trüffelversteigerung und Koch-Shows.

Konoba Astarea

Restaurant, 52474 Brtonigla, Kroatien, schließt um 23 Uhr, Tel.: +385 52 774 384

Einfache Ausstattung mit besten Zutaten auf den Tellern, das ist auch hier die profane Zusammenfassung. Wie einem beim Anblick des Schneidens von rot leuchtenden Scheiben eines Pršut, bei lauwarmem Luftzug durch die Räume von der offenen Terrasse her zumute ist, lässt sich nur schwer beschreiben; wenn das Knacken und die Wärmestrahlung vom offenen

Kamin, der das Gericht in einer stählernen Peka auf der Glut gart, und die Düfte zu einem herüberwehen, dann sage ich: Das ist Istrien. Das weitere Erleben des pittoresken Aufdeckens und Anrichtens all der wunderbaren Speisen tut ein Übriges, um den Genuss unvergesslich zu machen.

Vinarija Kozlovič
Vale 78, Momjan, 52460 Buje
www.kozlovic.hr
Gianfranco Kozlović' Weingut liegt in die Landschaft eingebettet, wie man sich das von einem mediterranen Weingut erwartet, und seine Rotwein-Kreation gewann mit dem jungen Teran schon Gold bei der renommierten IWC in London. Altstadt und Hügellage sind von alters her prädestiniert für guten Weinbau. Das rote Terroir dieser Terra rossa genannten Landschaftszone begünstigt alle mineralhaltigen Sorten, doch der Rotwein Teran, ein meist staubtrockener Tropfen, entfaltet hier seine feinen Noten als autochthone Rebe eben am originärsten. Wie inzwischen bei fast alle guten, modernisierten Höfen dieser Art überwältigt das Rundum-Angebot an Besucherservice mit Restaurant und Zimmern, einem Pool ebenso wie die Qualität des Weinangebots. Die Verführung, beim Verkosten dortzubleiben, ist groß.

Čok
52466 Novigrad, Sv. Antona 2, Tel.: +385 52 75 76 43.
Das Restaurant „Čok" von Familie Jugovac in Novigrad ist inzwischen eine Institution, es wird vom Guide »Istra Gourmet« unter den besten geführt. Die feine, frische Küche hat ihren Schwerpunkt auf mediterran-adriatischen Produkten und pflegt einen Stil, der trotz seiner hohen Qualität deutlich Bodenhaftung beweist. In den weiß verputzten Räumen des flachen Gebäudes an der Ausfahrtsstraße am Hafen begrüßt einen das üppige Buffet mit frischen Fischen des Tages

und ein vertrauensvolles Lächeln des Hausherrn, der freundlich zur Platzwahl an einem der überschaubaren Tische auffordert. Gediegen, aber nicht übertrieben ist das Gedeck vor einem, und man sitzt gemütlich in einer Nische mit gutem Blick auf das Geschehen im Raum und auf die von Sergio, als der sich Herr Jugovac vorstellt, vorgeführten Zutaten seines Tagesangebots: Goldbrassen, Rochen, Steinpilze, Scampi, Kalamari und so weiter, je nach Saison. Die herrlich angerichteten Portionen sind alles andere als abgehobene Nouvelle Cuisine – ganz authentisch wie deren Erschaffer und Chef der Küche. Unter dem Vordach an der Straße isst man die Meeresfrüchte mit Blick auf deren Herkunft: die Adria hinter den Fischkuttern.

Konoba Rino

52462 Momjan, Dolinja Vas 23, Tel.: +385 52 77 91 70
www.prelac.hr
Authentische Konoba der Winzerfamilie Prelac in Momjan. Gulasch, Wild, Eselfohlen und Pasta.

Vina Poletti

Markovac 14, 52463 Višnjan, Tel.: +385 91 449 2510
www.vina-poletti.hr
Weingut der Familie Peter Poletti, am selben Ort schon seit 6 Generationen. Piero Bernobich kaufte 1842 von seinem Schwiegervater Marco Dellamarne ein Grundstück, baute ein Haus und gründete seine Familie. Spezialitäten: Malvazija, Teran, Muscat Rosé sowie Cabernet Sauvignon, Merlot, Chardonnay und Extravergine-Olivenöl.

Fährboot zwischen der Insel Katarina und der Stadt Rovinj

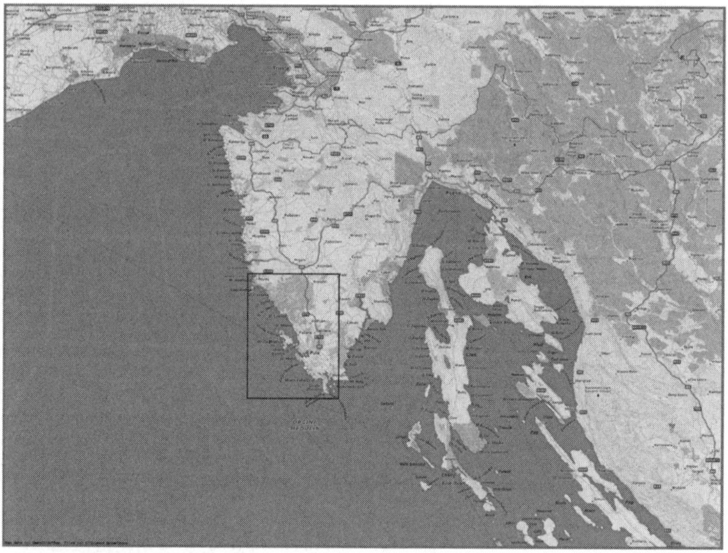

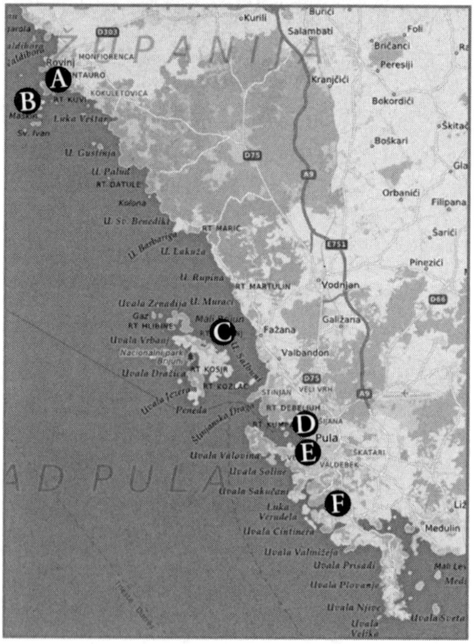

A Vom Löwentor zur Euphemia
B Träumerei auf Sveta Katarina
C Brijuni - Inseln großer Tiere
D Römerspur der Superlative
E Augustus-Tempel am Forum
F Badeküste bis Kap Kamenjak

02
Zu den Highlights am Meer

Von Rovinj bis Pula

Rund um die Halbinsel Istrien, die sich wie ein leicht gequetschtes gleichschenkliges Dreieck nordsüdlich ausgerichtet am östlichen Ufer in die Adria geschoben hat, befinden sich etliche kleine Eilande mit langer Historie und unendlich vielen Geschichten mancher großen Namen. Wenn man erst einmal weiter reist, weiter von der Südspitze nach Norden, am besten per Boot entlang der Küstenlinie, dann trifft man nach dem Brijuni-Archipel und noch vor Rovinj auf die Rote Insel, Katarina und einige andere bewohnte und unbewohnte Inselchen.

Karstiger Kalkboden ist die Grundlage der ganzen Gegend, wie der größte Teil der Halbinsel. Die schroffe Küstenlinie macht dies sichtbar, mal ist sie steil, wildromantisch grauweiß mit einer grünen Krume, kleinen und größeren Buchten und nur ganz wenigen, fast noch geheimen Sandstränden. Meist sind es Kieselstrände oder Steinplattenböden, die dem Badelustigen als Zugang zum ersehnten Element dienen. In ihrem ganzen Ausmaß findet sich aber auch ein anderes Terroir, das besonders typisch und Grundlage für die besondere bodenständige Küche der Region ist.

Die rote Löss- und die schwarze Muttererde bilden zum weiß-grauen Karst-Kalk die zwei anderen Farben für die

Privates Hotel-Eiland – die Rote Insel bei Rovinj

Landwirtschafts-Trikolore Istriens, auf deren Boden trotz Hitze, Winterfrost, Sturm und heftigem Regen jedes Jahr ein Reigen landestypischer Produkte saftig grün heranreift: Gras für Rinder, Schafe und Ziegen, Obst und Gemüse, Getreide und Mais sowie in prachtvoller Urwüchsigkeit Trüffel und Wein, Kastanien und Mohn.

Auf der Hauptlandstraße von Fažana nach Rovinj, dem Venedig Istriens, sieht man vom Meer fast nichts, und auch von der Landschaft sollte man sich keine Sensationen erwarten. Der karge Boden auf dem Kalksteingrund hat meist nur dünne Erdschichten, die den weiß-grauen Stein immer wieder durchblicken lassen, aber die schwarzen Mutterböden wechseln landeinwärts mehr und mehr in kräftiges Rot. Die Terrarossa-Böden des nach ihm benannten Rot-Istrien werden erst gen Norden hin häufiger und in den zentralen Regionen durch grauen Lehm abgelöst. Alles Böden, die mineralreich und sehr fruchtbar sind. Allein die oft dünnen Schichten aus Kalk- und Mergelstein sorgen für die farbige Landschaft mit seinem unterschiedlich grünen Bewuchs. Man fährt auf relativ hohem Niveau über leicht hügeliges Plateau durch dünn besiedeltes Acker- und Weideland. In weiten Teilen ist die Landstraße noch immer mit Flieder- und Haselnussbüschen in Fluren, oft auch auf alten Steinwällen in gutem Zustand gesäumt, die inzwischen in Mitteleuropa Seltenheitswert haben. Wein, Getreide und Mais dagegen sieht man ja leicht auch anderswo. Für mich jedenfalls war das Glück, gerade zur Nussreife einmal gestoppt zu haben, beim Plücken und Knacken dieser Früchte wie ein Déjà-vu-Erlebnis meiner Kindheit – wunderbar!

Schon bald lenkt man an einem Roundabout, einer dieser englischen Kreisverkehre, die auch hier in Mode gekommen sind, nach Westen ein, um auf Rovinj in schnurgerader Linie zuzufahren. Endlich gibt der Horizont den Blick auf die weite See frei. Die Straße schneidet sich durch den Karst, und nach ein paar Kilometern grüßt auch die heilige Euphemia stolz den Autofahrer, obwohl sie doch eigentlich für die Seefahrer als Wegweiserin auf dem hohen, schlanken Campanile angebracht wurde. Venedig-Assoziationen liegen auf der Hand. Anfangs muss man sich durch allerlei Beschilderungen schlängeln, um einen Parkplatz am Adria-Ufer zu finden. Wie bei der Serenissima endet der Weg in einer Sackgasse – so rettet sich die alte Stadt vor dem modernen Ansturm.

Der nun beginnende Spaziergang auf ihr Inneres zu, zeigt bald, dass dieses Venedig Istriens zwar im Meer, aber nicht auf dem Wasser liegt. Hier gibt es keine weiche Lagune, dies ist eine felsige Halbinsel wie ganz Istrien selbst. Eine fast eiförmige Formation trägt die verwinkelte historische Altstadt im mediterranen Stil Italiens. Zwischen den halbrunden Häuserzeilen, die die Stadt zur Landseite abgrenzen, lädt ein imposantes Löwentor aus Sandstein zum Eintritt in die schmalen Gassen dieses urbanen Kleinods. Die Porta Balbi, mit der sich der Bürgermeister Daniel Balbi und Venedig im 17. Jahrhundert ein Denkmal setzten, entstand auf dem Fundament des kurz zuvor abgerissenen alten Stadteingangs.

Die bunt verputzten Fassaden erinnern einmal mehr an ihre Patin am gegenüberliegenden Ufer der Adria, allein – es gibt

Das Löwentor zur Altstadt in Rovinj, eines der venezianischen Relikte

keine Kanäle. Vorbei am alten Rathaus führt der Weg auf dem typisch glatten Sandsteinpflaster über einen kleinen dreieckigen Platz, auf dem bereits Cafés zur ersten Rast locken, die von ihm ausgehenden zwei Gassen weisen links und rechts ins Dunkel der Häuserfronten und machen neugierig. Schon verschiebt man fast unmerklich den ersten Kaffee auf eine unbestimmte nächste Gelegenheit, denn man kann ja nicht wissen, ob hinter den folgenden Ecken nicht noch etwas Besseres auftaucht. Ein unbewusstes Abwägen läuft unweigerlich in jedem Besucher ab, denn hier scheint keine Not an Lokalen zu herrschen. Jetzt ist Gespür und Erfahrung gefragt – man muss instinktiv wissen, was man will, denn alle kann man ja kaum aufsuchen und ausprobieren, auch wenn es einen noch so reizen würde.

„Puntulina“ ist ein klassisches Fischrestaurant in Traumlage. Direkt über dem Meeresspiegel liegt die unterste Ebene der verwinkelten Terrasse; in mehreren Etagen von unterschiedlichen Höhen genießt man seine Bestellungen wie am Heck eines Schiffes mit der von Kiefern bestandenen Insel Katarina vor Augen. Feinste Speisen (auch Innereien sind delikat) des alten Hauses verwöhnen auf besondere Art, das Personal ist sehr freundlich und das Haus überrascht mit der exponierten Lage an der Ufergasse.

Nur ein paar Schritte weiter in die Bucht hinein befindet sich die Lifestyle-Bar „Valentino“, die für Romantik und Cocktails zuständig ist, direkt am Altstadtfelsen in einer Häuserlücke. Erst im Zauber der blauen Stunde bei Sonnenuntergang wird man ihrer so richtig gewahr. Der warme Kerzenschein etlicher auf den Felsen verteilter Laternen zeigt die menschlichen Silhouetten mit den einander zuprostenden leuchtenden Drinks vor den Reflexen der stillen See.

Wandert man schlendernd durch die Passagen der hinteren Häuser und die kleinen Höfe auf den Stufen der Gassen immer weiter bergan, trifft man, egal über welchen Weg, auf dem Vorplatz der krönenden Kirche Santa Eufemia wieder zusammen. Ein hohes barockes Kirchenschiff wird vom frei stehenden Kirchturm, einem Campanile nach dem Vorbild von San Marco, weit überragt. Von der geräumigen Terrasse hat man einen herrlichen Blick auf das Meer. Seefahrern diente dieser Kirchturm als Wegweiser durch die benachbarte Inselwelt zurück in den Hafen, ist doch Euphemia nicht zuletzt die Schutzheilige aller Seeleute.

Die „Valentino“-Bar am Ufer der Altstadt, der romantische Treffpunkt

Als Reisender, der sich nach schönen Plätzen sehnt und endlich innehält vor Glück und Zufriedenheit angesichts erhabener Architektur, lauwarmer, nach Kräutern und Blüten duftender Lüfte bei weitschweifender Sicht bis zum Horizont, kann man leicht weitere Ziele vergessen und möchte sich niederlassen. Doch zuerst gilt es, dieses barocke Gotteshaus, das man vor sich hat, zu erkunden.

Wie jede betagte Architektur hat es nicht nur seine eigene Geschichte, sondern birgt auch viele Hinweise auf Geschichten und Anekdoten der ortsansässigen Menschen. Betritt man das kühle Kirchenschiff, fällt einem die besonders lichtdurchflutete Säulenhalle in ihrer überraschenden Schlichtheit auf. Traut man sich aber bis zum Altar vor und in die dahinterliegende Apsis, dann stößt man auf einen massiven Sarkophag aus Granit in mannshoher Hausform, versehen mit tiefen Reliefs, aber auch mit Rissen, die auf eine strapaziöse Vergangenheit schließen lassen. Tatsächlich ist es die Behausung der sterblichen Überreste einer frühen Stadtpatronin, die der Legende nach als Märtyrerin im Jahre 304 gestorben sein soll. Das heißt, dieser tonnenschwere Sarg ist erst viel später in diese hoch liegende Ruhestätte gebracht worden – allein dies eine Meisterleistung, die beweist, dass Glaube Berge versetzen respektive bezwingen kann, denn auch zur Bauzeit des Doms 1728–1736, mitten im Barock, gab es noch keine Kräne. Der Campanile, der frei stehende Kirchturm auf der Anhöhe, der das Kirchenschiff, das erst 60 Jahre nach ihm entstand, und die ganze Stadt weit und stolz überragt, bietet einen beeindruckenden Blick über das alte Meer aus Dächern, nicht nur über das ältere aus Wasser mit dem Hafen und den nahen Inseln. Für diesen Blick muss man allerdings die 187 Stufen in Kauf nehmen. Vor einem liegt dann das mit Pinien bewaldete Eiland Santa Katarina mit seinem luxuriösen, aber noch leistbaren Hotel, dessen Gründung bis in die romantisch verklärte K.-u.-k.-Zeit Österreichs zurückreicht.

Rovinj aus Seefahrersicht, zivile Festung als Halbinsel

In jüngster Vergangenheit hat die Insel eine Art Wiedergeburt erlebt und erstrahlt inzwischen in neuem Gewand, mit all den zeitgemäßen Einrichtungen für modernen Tourismus. Auf den von hohen, alten Pinien gesäumten Wegen des Felseneilands empfangen einen bei einem Morgenspaziergang allein die Geräusche der Natur. Nur Möwengeschrei und fernes Wellenrauschen bilden den Soundtrack zur wohltuenden Einsamkeit mit Panoramablick.

Beim Dahinschreiten fällt der Blick auf den kompakten Häuserberg, der die Altstadt Rovinjs ausmacht. Sie bedeckt ihr Felsenfundament mit buntem Fassaden-Patchwork, schon seit ihrer Entstehungszeit. Kein Quadratmeter dieser ursprünglichen Insel scheint ungenutzt. Das intensive Licht der Morgensonne lässt sie majestätisch erscheinen. Ein Boot am Landungssteg, das in der kleinen Bucht vor einem liegt, steht als Fähre für die Hotelgäste zur Verfügung, und ihr Skipper lädt schon zur kurzen Überfahrt ein. So sehr das Wechseln der Standpunkte und Fortbewegungsarten locken kann, hier ist der Ausblick auf das sich bietende Panorama besonders reizvoll und schafft es, durch die entfernte Kulisse einen in eine Art Traumzustand zu versetzen, umrahmt vom geschützten

Standort im Meer und inmitten natürlicher Laute und Düfte. Die Fernblicke vom Hotel, zwischen den Bäumen hindurch, vom Zimmer, Restaurant oder Pool aus, bieten dem Drang, weiterzureisen, leicht die Stirn. Schon Habsburger Adelige erkannten, was dieser Ort zu bieten hatte, und haben ihn weidlich genutzt. Später hat dann eine österreichische Hoteliersfamilie die Chance erkannt und ergriffen, neues Leben der Region einzuhauchen und aus der Insel Nutzen zu ziehen. Neudeutsch kann man es eine Win-win-Situation nennen. In jedem Fall waren nach 1994 Abenteuerlust und Pioniergeist gefragt. Beide waren nicht nur bei Ausländern vorhanden, sondern ebenso unter Kroaten und Slowenen. Doch das freie Spiel der Kräfte hat undurchsichtige Regeln und Rechte. Jedenfalls ist die aufwendig hergerichtete Hotelinsel nach einigen Jahren zurück in kroatische Hände gefallen. Das inländische Unternehmen, das dieses einmalige Resort heute betreibt, hat es zum Erfolg weiterentwickelt, und der mutige Österreicher betreibt inzwischen andere Hotel-Kleinode mit viel Esprit an der kroatischen Küste.

Die Bucht von Rovinj ist seit Gründerzeiten eine Toplage für Villen und Hotels. Inzwischen weitet sich die Liste hypermoderner Luxusherbergen. Haubenköche erfinden die istrisch-mediterrane Kost neu und profilieren sich mit traditionellen Produkten in kunstvollen Kompositionen, mit sehr viel Feingefühl und internationaler Resonanz.

Natürlich ist das Hotel „Adriatic“ gegenüber dem venezianischen Uhrturm am Hafen durch seine prominente Lage nicht zu übersehen. Das alte Gemäuer wurde von Grund auf renoviert und zum Design-Hotel umgewandelt. Eine standesgemäße Terrasse regt rund um den Eingang zum Einkehren an. Die Brasserie hat bereits eine kreative Küche in stylishem Ambiente. Dieses Haus ist die Innenstadt-Dependance des neu gebauten Hotels „Lone“ in der nahen südlichen Bucht. Dort tummeln sich seit einigen Jahren Spitzenköche, die den Trend der Zeit nicht nur erfüllen, sondern selbst vorgeben. Als Küchendirektor von der Betreiberfirma Maistra ist Andy Gaskin in Rovinj Herr über drei vom Guide Gault & Millau mit Hauben ausgezeichnete Restaurants. Auch die „Kantinon Taverne“ in einer ehemaligen Kellerei am Hafen gehört dazu.

Wenn man mit dem Boot von Santa Katarina in den heimischen Fischerhafen übergesetzt hat und nach Süden der Küstenlinie folgt, trifft man dort auf ein altes Fabriksgebäude im Backsteinstil mit hohem Schlot daneben. Es erinnert frappant an das zuvor gesehene barocke Gebäude, jedenfalls von der Anlage her, allein die schlichten, geraden Linien und das Baumaterial lassen den Vergleich nicht zu: dort die Kirche mit ihrem Campanile und hier eine Fabrik. Der merkantile Rationalismus des 19. Jahrhunderts hat natürlich seine pragmatische Form. Die Backsteine, heute weiß verputzt, sind aber für Rauchwaren und nicht für Weihrauch aufeinandergemauert worden. Es ist eine Tabakmanufaktur, die von der Tabakregie Wien, der heutigen Austria Tabak, 1888 gegründet wurde. Heute entstehen hier Marlboros und Walter-Wolf-Zigaretten.

Hotel „Adriatic“ am Hafen neben dem Löwentor – jetzt ein erneuerter Hotspot

Die Tabakfabrik aus der Zeit der K.-u.-k.-Monarchie hat überdauert.

Aber darüber zu sprechen, ist heute fast Verrat an der internationalen Nichtraucher-Bewegung. Im Aufwind ist diese auch in Kroatien, Slowenien wie in Italien, man darf in Innenräumen dieser Sucht nicht mehr frönen. Raucher finden bei den kroatischen Zeitungs- und Tabakläden kaum mehr die Marken, die sie suchen, da alle Rauchwaren in Regalen durch stets geschlossene Jalousien verborgen bleiben. Die optische Verführung ist damit gebannt, die allerdings bereits durch die angsterregenden Fotos von Raucherleiden gänzlich verflogen sein dürfte. Für abgestumpfte Genussraucher oder unbelehrbare Süchtler bleiben diese Geheimfächer allerdings weiterhin eine Bezugsquelle. Natürlich stört das den Finanzminister nicht, und so hält sich die Fabrik als lebendiges Architekturdenkmal in Rovinj weiterhin und ihre Produkte sind nach wie vor auf dem gesamten Balkan gefragt.

Alte Seilschaften scheinen auf vielen Gebieten zu helfen, um in der Gegenwart Erfolge zu feiern. Je umfangreicher sie sind und je weiter sie zurückgehen, desto besser. Die Nachkriegszeit war schwierig. Man hat überlebt, aber was nun? Selbst wenn man unverwundet geblieben ist, äußerlich jedenfalls, so bleiben doch die Zerstörungen von Besitz, Infrastruktur und vor allem die der Seele, die traumatischen Verletzungen: Enttäuschungen, meist sinnentleerte Überzeugungen und Existenzängste, aber auch Optimismus und Vertrauen in die eigenen Fähigkeiten. Jedenfalls spürt man die offene Art der Fremdenfreundlichkeit hier deutlich mehr als in anderen südlicheren Landstrichen. Das spiegelt sich in der modernen Experimentierfreudigkeit beim Vermarkten der Produkte eigener Ressourcen wider, deren Erfolge auf Nachhaltigkeit, Fleiß, Qualität sowie gelassener Genussfreude beruhen. Die wiederbelebte Bankenallianz in Kroatien mit österreichischen Instituten hat durch Kreditfreudigkeit nach der Neugründung des Staates inzwischen dazu beigetragen, stagnierende Verhältnisse wiederzubeleben und zum Erfolg werden zu lassen. Die Erfahrungen und Verbundenheit aus der K.-u.-k.-Zeit waren da sicher dienlich.

Ein kurzer Ausflug an die nahe Limski-Bucht einige Kilometer nordwärts, ein geflutetes Karsttal als Naturreservat, lohnt die Fahrt in das kleine Paradies für Mensch und Meerestiere. Vor rund 10.000 Jahren versank die 25 km lange Schlucht Limska Draga im Meer. Obwohl der echte Limfjord in Nordjütland liegt, hat sich der Name Limski fjord durchgesetzt. Doch der Ursprung ist gleich vergessen, wenn der Fjord hier zwischen Vrsar und Rovinj erst einmal vor einem liegt. Die prähistorische Romualdo-Höhle mit Neandertaler-Wandmalereien lässt Abenteurer die lange menschliche Geschichte dieser Naturregion erfahren. Bei der Wegsuche sollte man sie nicht mit der Piratenhöhle verwechseln, zu der die Ausflugsschiffe fahren. Im kristallklaren Gemisch aus Süß- und Salzwasser finden Austern, Muscheln, aber auch Hummer optimale Lebensbedingungen. Man kommt über die Küstenstraße zwischen Vrsar und Rovinj oder mit Ausflugsbooten ab Rovinj, Vrsar und Poreč bequem zum Fjord mit seinen Fischlokalen.

Neugierig führt mich jetzt aber die Fährte weiter nach Süden. Der vermutlich schönste und bequemste Weg ist immer noch per Boot entlang der kaum bebauten Küste.

Venusmuscheln – eine der vielen Köstlichkeiten am Limski-Fjord

Istrien stand immer unter dem wechselnden Einfluss fremder Mächte, ein eigenständiges Machtzentrum besaß es nie. Vielleicht sind gerade deshalb die Istrier nach außen hin weltoffen und von innen her bodenständig geblieben. Schon früh haben die Griechen hier nach einem ihnen unbekannten Fluss, nach einer verheißungsvollen Passage gefahndet: der Donau. Die bildhaften Schriften des Homer über die Schiffsreisen des Odysseus, aber auch historische Fakten weisen darauf hin, dass Illyrer aus dem Süden vor den Römern unwiderlegbarer Teil der Siedlungsgeschichte der Adria waren. Danach lösten die mongolischen Reiterstürme im fernen Osten die große Völkerwanderung aus, die durch Flucht besiegte Völker in das Gebiet der Nordadria gelangen ließ. Die Hunnen aus dem heutigen Ungarn stellten um 400 n. Chr. die damaligen Strukturen auf den Kopf. Attila sei dank, dass Venedig gegründet wurde, aber um welchen Preis? Der ganze Landschaftsgürtel um die Nordadria wurde quasi dem Erdboden gleichgemacht, alle bedeutenden Städte der damaligen Zeit, wie Aquileia, Portogruaro oder Caorle, wurden geplündert und niedergebrannt. Die Bewohner flüchteten in die flache Lagune und gründeten nach dem Ansturm die heute als Touristenmagneten fungierenden Orte

Torcello und Venedig. Diese Katharsis blieb Istrien erspart, es gab aber viele andere Bedrohungen, Besatzungen und Katastrophen. Vor allem durch die Venezianer später selbst.

Heute kommt man ja gemeinhin nicht als Seeräuber oder Feldherr, sondern als interessierter Weltenbummler, als genießender, aber auch zahlender Tourist nach Istrien. Werbung auf Bildschirmen und Plakaten lösen Sehnsüchte aus, so einfach ist das in Friedenszeiten. Warum also in die ferne Karibik reisen, wenn man die Inselwelt um Rovinj, bestehend aus 22 Felseneilanden in glasklarem Wasser, so nah um sich herum hat?

Die kleine Inselgruppe Brijuni ist da ein solches Beispiel. Dort versucht man, ein Modell moderner Nachhaltigkeit umzusetzen. Bis in die prähistorische Zeit führt die Besiedelung des einzigartigen Archipels mit seinem äußerst angenehmen subtropischen, mediterranen Mikroklima zurück. Es liegt dem bunten Fischerdorf Fažana am Festland nur wenige Ruderschläge entfernt gegenüber und mausert sich heute zum modernen exklusiven Tourismus-Resort. Betörend, wie überall an der istrischen Küste, liegt das leuchtend blaue Wasser der Adria vor einem. Beeindruckend der Ufersaum, wie er die verdrehten, stämmigen Olivenbäume und die sakral aufgeschossenen dunkelgrünen Zypressenreihen trägt, wenn man zur Hauptinsel Veliki Brijun übersetzt. Dieses attraktive Areal hat seit 5000 Jahren Menschen, nachweislich bereits davor schon Dinosaurier angelockt. Spuren beider Spezies sind dokumentiert. Die Brijuni-Inselgruppe war also immer Kulturland.

Und nicht zuletzt sind diese Inseln seit Langem schon berühmt für ihre berühmten Gäste. Da wären einmal der Wiener Großindustrielle Paul Kupelwieser und seine Familie, die zur Zeit des Fin de Siècle all ihre Leidenschaft und ihr Vermögen für die Kultivierung der Inseln eingesetzt haben. Zuerst musste als Basis die sumpfige Gegend malariafrei gemacht werden. Dazu lud Kupelwieser den deutschen Arzt und Forscher Robert Koch aus der Berliner Charité ein, um dort

Robert-Koch-Gedenkstätte Veliki Brijuni für seine gelungene Anti-Malaria-Therapie

seine Anti-Malaria-Formel anzuwenden. Nach intensiven Versuchen mit den Angestellten sowie Häftlingen, die dorthin verbannt worden waren, und der Trockenlegung der Sümpfe, die den Hort der Anopheles-Mücke, des Malaria-Überträgers, bildeten, gelang das scheinbar Unmögliche. Ein Büstenrelief Kochs erinnert heute an seine Meisterleistung. Auch Carl Hagenbeck, der berühmte Direktor des Hamburger Zoos, wurde beauftragt, ein Gehege für exotische Großtiere einzurichten. Von beiden Errungenschaften profitiert man heute noch – nachhaltig!

Kupelwieser selbst starb nach nur zwölf Jahren seines Engagements in Wien. Seine sterblichen Überreste harren immer noch einer Überführung auf die Insel. Und auch die folgende Generation konnte seinen Traum nicht vollends verwirklichen: Sein Sohn nahm sich wegen finanzieller Schwierigkeiten das Leben.

Was blieb, ist die Erinnerung an eine ganz besondere Epoche. Die *Belle Époque* hat das Refugium bis heute durch Freizeitfreuden belebt, mit dem zeitweilig größten Golfplatz Europas, Glücksspiel, Pferderennen und eleganten Partys.

Nach diesem Übergang in die Neuzeit war es Josip Broz Tito, der dort seinen privaten Sommersitz mit den von Kupelwieser geleisteten Vorarbeiten verband. Dort lebte er in den

Ideen eines Großindustriellen sein „Privatissimo“ als Sozialistenführer aus, empfing politische Gäste unterschiedlichster Couleur aus fernen Weltgegenden: Eleanor Roosevelt, Indira Gandhi, Gina Lollobrigida, Muammar al-Gaddafi, Willy Brandt, Richard Burton mit Elizabeth Taylor u. a. Diese waren sichtlich gern in dieser exotischen Kulisse zu Besuch, wie es viele der Fotos im Tito-Museum auf Veli Brijun zeigen. Der erhofften Freude wurde gut informiert mit besonderen Geschenken für den Marschall vorgesorgt: Elefanten aus Indien, Gazellen, Zebras und Raubkatzen aus Afrika, Papageien aus Südamerika u. v. m.

Die Landschaft der Hauptinsel Veliki Brijun, die wie ein offener Garten mit uralten Bäumen hinter dem lauschigen kleinen Hafen liegt und die ein paar flache, zweistöckige Hotelbauten aus der Art-déco-Zeit aufweist, sieht sehr gepflegt aus – eben wie ein Park. Es gibt keinen Verkehr, allein Golfcarts für Gäste und Angestellte surren hin und wieder leise an einem vorbei. Einziges allgemeines Verkehrsmittel ist die elektrische Besichtigungsbahn auf Gummireifen, ansonsten spaziert man oder fährt mit dem Rad.

Erd- und Grasflächen sind fast peinlich genau gleich weit von den Blatträndern der Baumkronen entfernt. Was ist denn das? Wird hier jeder freie Wuchs reglementiert? Nein – auf einmal wird es mir klar, weit hinten durch die Baumstämme auf sonniger Steppe entdecke ich wie auf einer Safari äsendes Wild, deren ausgestreckte Hälse beim Futtern das Maß der unteren Blattgrenze bilden. Erst beim zweiten Blick fällt mir auf, dass es nicht nur Hirschküche und Rehe sind, sondern vor allem Gazellen und Antilopen, Zebras und Kudus. Also wilde Vierbeiner erzeugen diese natürliche Eleganz. Sie pflegen die Flur und damit erübrigt sich das Mähen. Tito nahm die Geschenke seiner prominenten Besucher fast bis zum Overkill der Natur entgegen. Zoo-Direktor Hagenbeck musste, wie bereits erwähnt, schon Ende des 19. Jahrhunderts anreisen, um

Gehege bauen zu lassen, die die Wildkatzen, Reptilien und tropischen Vögel beherbergen und diese doch am hiesigen Klima teilhaben lassen konnten.

Die großen Dickhäuter, die mindestens 300 Kilogramm Grünzeug am Tag verschlingen, sind durch Verkauf oder als Spende inzwischen an andere Zoos in Europa gegangen, damit ihnen und der Insel eine lebenswerte Zukunft bleibt. Der letzte Verwandte des Mammuts wurde 2009 aus seinem Käfig befreit und bekommt im Zoo von Zagreb sein Gnadenbrot. Trotzdem – dieser Archipel, seit 1980, nach dem Tod Titos, zum Nationalpark umgewandelt, ist bis heute eine andere Welt und ein Paradies friedlicher Ruhe geblieben. Orangenhaine, Schildkrötentümpel, stattliche Reste römischer Tempel, die Grundmauern eines antiken Handelshafens, die eines Kastells aus byzantinischer Zeit und tausendjährige Olivenbäume steigern das Empfinden von Zeitlosigkeit. Dieses Gefühl mag auch den Marschall dazu bewogen haben, hier seinen Rückzugsort im sommerlichen Schlafgemach der Villa Bianca zu suchen.

Brijuni-Inseln, Titos Serengeti-Ersatz mit Gazellen und Zebras

Römische Hafensiedlung auf der Hauptinsel von Brijuni

Ungestört fühlt sich auch eine artenreiche Vogelwelt, die sich lautstark sängerisch betätigt – nicht nur die Papageien, Adler und Kakadus in ihren großen Volieren, sondern der ganze ornithologische Sängerchor. Und dies ist nur der Eindruck, den die Hauptinsel vermittelt, wie paradiesisch wird es erst auf den weiteren dreizehn Inseln des Archipels zugehen? Diese sind bis heute immer noch nicht touristisch erschlossen. Allein auf Mali Brijun finden im Sommer im altösterreichischen Fort Theateraufführungen statt, die dann natürlich besucht werden können. Eine weitere Insel dient ewig schon als Orangenfarm, und etliche sind nicht bewohnt, sondern der Natur überlassen worden.

Trotz aller nachgewiesenen Untaten des luxusverliebten Diktators bleibt eine Aura um Tito, an der nur sehr wenig gerührt wird. Stattdessen wird er hier weiterhin still verehrt. Er hat der Welt als Partisanenführer souverän die Stirn geboten, den Balkan als vereintes Jugoslawien zusammengeführt, ihm zu einem nie erreichten Wohlstand verholfen und viele der noch Lebenden, die davon profitiert haben, werden ihm seine teils verbrecherischen Taten verziehen haben.

Die Hinterlassenschaft, die diese Inseln zu dem gemacht haben, was sie heute sind, hat sich erholt und lebt im neuen

System friedlich als museales Resort dahin. Lange hat man versucht, einen finanzstarken Investor zu finden, der diesen Garten zu einem modernisierten Eden machen würde, um den einkommensschwachen Staat zu entlasten.

Die Übergangszeit vom Fall des Eisernen Vorhangs bis zur neokapitalistischen Welt heute wurde durch den Zerfall Jugoslawiens um Jahre verlängert. Die Staaten am Balkan, die bis Ende des Ersten Weltkriegs unter dem Doppeladler Österreich-Ungarns von Wien aus vier Jahrhunderte lang regiert wurden, hatten ihre neu gewonnene Selbstständigkeit für die Idee eines gemeinsamen Balkanstaates unter der Leitung Titos nach seinem Tod aufgegeben. Mit den aufkommenden Krisen in der Welt und damit auch in Jugoslawien, die wirtschaftlich nicht bewältigt werden konnten, richtete sich der Fokus der einzelnen Teilstaaten auf sich selbst. Mit Beginn des Krieges 1992 kam es wieder zur Bildung der alten Nationalstaaten. Friedensverhandlungen und Grenzstreitigkeiten haben Kroatien noch lange daran gehindert, wirklich neu anzufangen. Um als beliebtes Reiseziel wieder an die touristischen Hochzeiten

Im beschaulichen Hafen von Brijuni für die Boote zum Festland bei Fažana

Jugoslawiens anknüpfen zu können, musste sich viel ändern. „Tito-Land" war ja kein klassischer Ostblockstaat, man hat sich immer sehr weltoffen gegeben, jugend- und ausländerfreundlich, man war stolz auf seinen eigenen Erfolgsstil, wollte Beispiel sein und gleichzeitig von den Gästen und ihren Ländern profitieren. Das ging lange gut und war mit Beginn der Schießereien zwischen Slowenien, Kroatien und Serbien schlagartig vorbei. An der Küste bekam man bis zum Ende des Krieges nach vier Jahren nicht viel davon mit, allein die Stimmung war bedrückend. Erst die Bombardierung 1994 von Dubrovnik änderte alles. An unbeschwerten Urlaub war nicht mehr zu denken. Alle waren desillusioniert, die Verhältnisse desaströs. Wie sollte die neue Selbstständigkeit nach Kriegsende weitergehen? Woher sollten da Erfolge im Tourismus kommen?

Vielleicht ist Brijuni dafür eine exemplarische Fallstudie. Auch wenn sich heute eine neue Prosperität breitmacht und längst den Urlaubstraum für Millionen im In- und Ausland neu belebt, bleiben die Fragen des zeitgemäßen Umgangs mit Ressourcen bestehen.

Die Grenzziehung zwischen den beiden ehemaligen Jugoslawien-Staaten, die auch auf Istrien Nachbarn sind, ist weiterhin nicht einvernehmlich festgelegt, es wird immer noch um den Meereszugang mit Anteil an internationalen Gewässern bei Savudrija und Piran unter Vermittlung Brüssels verhandelt. Den Reisenden kümmert das wenig, die Fischer aber sehr. Erst seit man damit begann, den Archipel, der schon seit der Antike immer wieder gern als das nördlichste Paradies bezeichnet wurde, in einen Nationalpark samt touristischem Freizeitangebot zu verwandeln, funktioniert es.

Zeit für eine Jause. Da bieten sich am besten fangfrische Sardinen an. Hier ein wunderbares Rezept:

SRDELE – EINGELEGTE SARDINEN

Zutaten:
800 bis 1000 g fangfrische Sardinen
150 bis 200 g Zwiebeln
12 Knoblauchzehen (die Hälfte ungeschält,
die andere geschält und gehackt)
1/2 Bund glatte Petersilie
1 Glas trockener Weißwein, vorzugsweise Malvasia
30 bis 50 ml Weinessig, mit Wasser verdünnt
12 Zitronenscheiben, dünn geschnitten
1 EL Semmelbrösel
einige Basilikumblätter
frischer Rosmarin (1 Zweig)
4 bis 6 Lorbeerblätter
1 TL Pfefferkörner
Meersalz
Mehl zum Wenden der Fische
ca. 100 ml Sonnenblumenöl zum Braten der Sardinen
75 Olivenöl extra zum Verfeinern der Marinade

Beilage: Rucolasalat, Oliven

Zubereitung:
Die Sardinen ausnehmen, von den Schuppen befreien, waschen und abtupfen. Die gesäuberten Sardinen salzen und 20 Minuten durchziehen lassen. Danach werden die Fische im Mehl gewendet. Nun die Zwiebel schälen und in feine Ringe schneiden und die Petersilie hacken, je nach Geschmack gerne etwas gröber oder feiner.
In einer hohen und weiten Pfanne nun das Öl erhitzen, die Sardinen etwas vom Salz befreien und beidseitig hellbraun braten. Die gebratene Sardinen kommen in eine Schüssel. Jetzt die ungeschälten Knoblauchzehen (mit dem Handballen leicht

andrücken) bei milder Hitze im restlichen Bratöl bräunen, dann die Zwiebeln dazugeben und glasig braten. Zum Schluss den gehackten Knoblauch, die Petersilie und einige frische Lorbeerblätter hinzufügen. Das Ganze wird mit etwas Wein, Essig und Wasser abgelöscht. Nun die Semmelbrösel dazugeben, anschließend mit Zitronenscheiben, Pfefferkörnern, gezupftem Rosmarin sowie frischem Basilikum würzen. Am Ende die Marinade aufkochen lassen, vom Herd nehmen und das Olivenöl einrühren.
Die Sardinen werden sauber in einer Schüssel geschichtet und im Anschluss mit der Marinade übergossen. Alles mindestens einen halben Tag lang im Kühlschrank durchziehen lassen. Weißbrot dazu reichen.

Das Forum mit den Tempeln des Augustus und der Diana, dem heutigen Rathaus

Auf geht's zum Ort baulicher Höhepunkte, weiterer Zeugnisse antiker Wurzeln Istriens – auf nach Pula! Zugleich gelangt man damit vom Festland aus gesehen an den südlichsten, fernsten Punkt der Halbinsel, wo Ost- und Westküste zusammentreffen. Die historischen Spuren sind bis ins 10. Jahrhundert v. Chr. nachgewiesen. Die ganze Gegend um die Stadt verweist auf 7000 Jahre Kulturgeschichte.

Dieser istrische Hotspot machte jedenfalls deutlich früher von sich reden als das elegantere, wehrhafte Rovinj, das im 2. Jahrhundert von den Römern erstmals als Ruginium erwähnt wurde. Heute ist Kroatisch die Amtssprache. Der Vielsprachigkeit hat man bei Neubeginn mit zusätzlichen italienischen Beschriftungen auf den Schildern im öffentlichem Raum Rechnung getragen. Die alten regionalen oder „toten" Sprachen, wie das Čakavische oder Latein, konnten aber nicht mehr berücksichtigt werden.

Gut, Pula ist heute vor allem durch seine römischen Altertümer präsent, die nachfolgenden fremden Einflüsse stammen aber aus Österreich und Italien. Beim Wiener Kongress wurde Istrien Teil des Illyrischen Königreichs nach seiner Besetzung durch Napoleon im 19. Jahrhundert. Nach dem verlorenen Ersten Weltkrieg wurde Istrien dann Italienisch, und noch heute leben viele italienischstämmige Menschen auf der ganzen Halbinsel. In Pula sind es gut zehn Prozent, dazu kommen Serben, Albaner, Roma und Sinti.

Es ist ganz egal, ob man über die See von den Brijuni-Inseln oder über die Landstraße von Fažana aus kommt, im inneren Hafen am Kolosseum trifft man wieder zusammen. Selbst wenn man mit Kenntnissen aus Rom, Griechenland, Frankreich oder dem Nahen Osten das erste Mal hier am Wasser stehend dieses imposante Oval vor Augen hat, ist man verblüfft, vielleicht gar ein bisschen beschämt, dass man Kroatien dies nicht zugetraut hätte. Es ist natürlich längst durch Kataloge und Internetseiten, durch unzählbare Abbildungen im

Römisches Kolosseum von Pula – das größte seiner Art

allgemeinen Bewusstsein verankert, doch in der Wirklichkeit ist es eben noch viel beeindruckender. Diese Tausende Tonnen schwere Architektur waren immerhin die größte Arena im Römischen Reich. Sie ist nicht allein durch ihre Höhe und Größe so imposant. Mich fasziniert besonders, wie dieses Gewicht so leicht und elegant erscheinen kann, es fast fragil daherkommt. Spaziert man hinein in die Bogengalerien, bleibt trotz des nach oben offenen Runds und seines enormen Ausmaßes eine wundersam stimmige Akustik erhalten, denn die konnte kaum vorausberechnet werden. Eine Meisterleistung der vergangenen Jahrtausende ohne Mikrofon. Die Venezianer hatten nach ihrer Eroberung mit Wahnwitz geplant, das gesamte Kolosseum zu zerlegen und in der Lagunenstadt wieder aufzustellen. Allein dieser Größenwahn zeugt von großer Anerkennung, obwohl das Kolosseum immer unfertig blieb.

Seit 177 n. Chr. war die Stadt eine römische Colonia Pietas Iulia Pola und ihr Kaiser Augustus hat den Bau dieses Architekturriesen veranlasst. Heute finden dort keine Gladiatorenkämpfe mehr statt, es sind Klassik-Konzerte, Opern und Song Contests internationaler Popsänger und Volksmusikchöre. Bei ausverkauften Rängen finden 24.000 Zuschauer Platz. Die

Veranstaltungen sind heute in traumhaft unwirkliche Mega-Light-Shows getaucht. In den Katakomben, die inzwischen gladiatoren- und wildtierfrei sind, kann eine Ausstellung über die Geschichte der Bernsteinstraße besucht werden. Das überrascht, selbst wenn man eventuell schon gewusst hat, wie sehr dieser Pfad der Goten in vormittelalterlicher Zeit vom Baltikum bis in diese Region bereits belebt war und erheblichen Wohlstand bescherte.

Jetzt, bevor man sich der Stadt wirklich widmet, wäre Gelegenheit, erst einmal eine Gedankenpause einzulegen, durchzuatmen und bei lauer Seeluft die Marina und den Hafen mit den schaukelnden Booten vor Augen bei einem Drink aus heimischen Trauben die Seele baumeln zu lassen.

Die geschäftige Werftarbeit der Gründerzeit des österreichischen Marinestandpunkts macht sich vor den inneren Augen breit. Hier sind also all die Wunderwerke der seesüchtigen Landnation entstanden, um die Welt mit all dem Stolz und Prunk eines Kaiserreichs zu erkunden, wenn nötig und möglich auch zu erobern: gebildete Kapitäne, gestylte Kadetten,

Innerstädtische Marina vor der Hafenadmiralität von Pula

gediegene Dampfer. So schnittig, so gepflegt und aufwendig ausgestattet wie die Kriegsschiffe der Habsburger, so elegant ist vermutlich kaum eine Marine der Welt in den Krieg geschickt worden. Pula war neben Triest der Heimathafen der k. u. k. Marine. Das ferne Wien mit seinem absegnenden Kaiser sorgte für die Gleise, die die Hauptstadt mit Pula verbanden. Die seinerzeit modernen Errungenschaften haben nicht nur die führenden Politiker, sondern auch das Volk begeistert. Es gab Arbeit, Prestige und man förderte das Interesse am Reisen. Dadurch wurden nicht nur Wirtschaft und Lastentransport, sondern auch Personenverkehr und Tourismus neu belebt. Und, natürlich, wie fast immer konnte jedes neue und kostspielige Abenteuer mit militärischen Sicherheitsargumenten widerspruchslos gerechtfertigt und finanziert werden. Im September 1876 wurde die 122 km lange Strecke der Istrianer Staatsbahn quer durch die Halbinsel von Pula nach Divača in Slowenien nahe Triest eingeweiht. Sie war damit an die Südbahn der Doppelmonarchie Österreich-Ungarn angeschlossen, überwand dabei 520 Höhenmeter, verband viele wichtige Orte, hatte eine Stichstrecke von Kanfanar nach Rovinj und förderte damit den Warenverkehr vom Land zu den großen Märkten. Diese Linie besteht seit 1933 nicht mehr. Stattdessen bietet sich ein einmaliger Radwanderweg durchs innere Land der Halbinsel zu neuen Erkundigungen an.

Die Werft auf der Insel Uljanik, die man gegenüber sieht, ist noch die alte. Es fehlt ein bisschen an Luxuslinern, wie man die damaligen Marine-Flaggschiffe auch hätte nennen können. Die liegen fast alle irgendwo auf dem Grund der so friedlichen Wasseroberfläche der Adria. Der Erste Weltkrieg, die vielleicht etwas zu behäbige Eitelkeit der selbstbewussten Admiräle, die ihre tolle Flotte für unbezwingbar hielten, und die aufopferungsbereiten Soldaten am feindlichen italienischen Ufer legten ihnen schnelle, schlaue Fallen und machten den k. u. k. Schlachtschiffen in entscheidendem Umfang schnell den Garaus. In wenigen Minuten wurden viele von ihnen von den

Die vom Kaiserhaus in Wien gegründete Werft ist nach wie vor in Betrieb.

unentrinnbaren Wassermassen verschlungen, wenn man sie des Nachts mit Torpedos von kleinsten Booten aus traf oder eine schwere Eisenkette im Süden die Meerenge von Otranto unsichtbar den Weg versperrte. Traurige Geschichten mit vielfach tödlichem Ausgang, wie sie Kriege immer wieder schreiben.

Der Beginn dieser Bucht als Flottenstützpunkt liegt im 4. Jahrhundert, als die Venezianer ihre Adria-Handelsstraße bis zur Ägäis und weiter an die Levante bis nach Nordafrika vor Raubüberfällen durch Piraten von der Ostküste aus sichern wollten. Am 9. September 1856 legte Kaiser Franz Joseph I. im Beisein seiner Gattin Elisabeth, der berühmten Sissi, und seines Bruder, des Marinekommandanten Erzherzog Ferdinand Max, den er dort zum Vize-Admiral ernannte, den Grundstein für das Seearsenal, dessen Entstehen bereits in vollem Gange war. Damit ist der Grundstein nach dem Rückzug aus Venedig, dessen Arsenal bis 1848 den Heimathafen der Besatzer aus Wien darstellte, neu gelegt worden.

Zeugnisse seiner Existenz als strategischer Standpunkt hat Pula aus vielen Epochen. Die Zitadelle auf dem höchsten Punkt der Stadt bot bei dem Weitblick natürlich eine perfekte Lage, denn von hier sind nahende feindliche Schiffe früh zu erkennen.

Die Wege zur Zitadelle und zum Marine-Friedhof Pulas sind idyllisch geblieben.

Sternförmig liegt diese schlichte Festung zentral über der Altstadt.

Die schöneren Zeichen von Macht halten sich tapfer unten am Hauptplatz, dem ursprünglichen Forum der Römer, dem heutigen Strossmayerov Trg, benannt nach dem kroatischen Politiker und Bischof Josip Juraj Strossmayer (1815–1905). Sein lebenslanges Engagement für Bildung und mehr Selbstbewusstsein der slawischen Völker unter Führung der österreichisch-ungarischen Administration sowie sein Einsatz für eine liberale Religionspraxis zwischen Katholiken und Orthodoxen erinnern noch heute an ihn.

Den nördlichen Rand neben dem Rathaus säumen die vier schlanken, solitären acht Meter hohen Säulen den Augustus-Tempel, die korinthische Kapitelle schmücken, seit gut 2000 Jahren. Wie viele Kriege er inzwischen überlebt hat, sieht man ihm nicht an, denn er wurde unter jeder politischen Führung immer wieder restauriert, wenn er beschädigt war. Allein das lässt ihn als standhaften Zeugen erscheinen. Geweiht war er der Göttin Roma sowie Oktavian, dem späteren Augustus, der als Gründervater des Aufstiegs dieses zuvor nur kleinen strategischen Siedlungsstandortes, dessen Wurzeln bis in die Bronzezeit zurückreichen, zu einer römischen Metropole gilt. Im Mittelalter wurde dieses kleine Heiligtum auch als Getreidespeicher und Kirche verwendet. Heute beherbergt es eine Sammlung römischer Skulpturen. Rechts neben diesem Tempel befand sich zu seiner Entstehungszeit der Tempel der Diana. Von ihm ist nur noch eine Mauer stehen geblieben, die heute die Rückwand des Rathauses bildet, das im 13. Jahrhundert entstand.

Eine kleine Sirene als Granitfigur mit gespreizten Fischschwänzen an der nordöstlichen Hausecke deutet froh auf das benachbarte „Caffe Diana", das vor allem der jungen Künstlerszene ein modernes Forum bietet. Nicht nur, um die herrlichen Eclairs zu sich zu nehmen, sondern auch, um an den alten Wänden neben antiken Fresken wechselnde zeitgenössische Ausstellungen zu genießen, lohnt sich ein Besuch. Das ursprünglich weite Forum Romanum wird heute durch venezianische Häuser mit mediterranen Restaurants begrenzt. Dieser Mix aus Zeugen längst vergangener Zeiten bildet ein eigenes Panorama und wirkt besonders anregend, wenn man bei einer schmackhaften Dorade unter einer der Markisen inmitten der historischen Kulisse sitzt. Der Platz hat ein schönes dalmatisches Pflaster und ist der eigentliche Endpunkt der Via Flavia, die in Aquileia begann und über Triest bis hierher zu den Tempeln führte.

Das Forum-Galerie-Café verbindet Moderne mit Antike, jung und alt.

Flaniert man in Richtung Osten zum eigentlichen Haupttor der alten Stadt, dem Goldenen Tor, der Porta Aurea, entgegen, wandelt man buchstäblich durch die Jahrhunderte, auch wenn man nur all die Geschäfte mit den modernen Angeboten sieht, die Häuser sind aus venezianischen, habsburgischen, jugoslawischen Epochen. Man ahnt die römische Gründerzeit nur an wenigen Relikten, wenn man die Zusammenhänge der Bauphasen kennt. Plötzlich, fast unscheinbar steht er da, der Triumphbogen der Salvia Postuma Sergia, seit der Seeschlacht um Actium, bei der drei Brüder 31 v. Chr. diese siegreich geschlagen haben und Augustus die Alleinherrschaft über das Römische Reich bescherten. Privat von deren Schwester damals gestiftet, schmiegte sich das acht Meter hohe Denkmal an das sogenannte „Golden Gate“ der Stadt, dieses wurde allerdings 1826 geschliffen, und so trotzt der alte Bogen nun frei stehend dem Ansturm der Selfie-Fotografen.

Eine Art Ringstraße, der Verlauf der ehemaligen Stadtmauer, führt links durch die Giardini genannte Grünanlage, überquert man sie aber, erreicht man nach dem nächsten Häuserblock die wunderbare verglaste, gusseiserne Markthalle aus dem 19. Jahrhundert. Das geschäftige Treiben der Händler gepaart mit den beschaulich abwägenden Kunden, verströmt diese wohltuende vitale Atmosphäre, die einen ins Hier und Jetzt zurückholt nach all den Ausflügen in ferne Geschichte. Das bunte Bild aus Menschen und Produkten, der Duftmix aus Kräutern, Früchten, Gemüse, Fisch und Fleisch erfüllt die Sinne, verdichtet durch Garküchen und Cafés. Seefrische Krevetten mit krossen Pommes frites und Kräutermayonnaise als Dip, dazu ein kühles Glas Žlahtina und ich wähne mich im Garten Eden.

Der letzte Rest vom sozialistischen Grau, die Tristesse einiger noch vernachlässigter Häuser, ist da schnell vergessen.

Wenn Hitze, Lärm und Konsumrausch ermüden, dann nehme man ein Taxi und fahre in die nahen Buchten hinaus,

Der Gregorius Triumphbogen bezeugt den Sieg der Sergier 31 v. Chr.

dort wo früher die Piraten hereinkamen, und erhole sich am kühlenden Meer bei kalter Bevanda, wie das Glas Wein gemischt mit stillem Wasser hier seit jeher heißt, und einem kleinen Tellergericht im Schatten von Pinien beim Rauschen der Wellen.

Erwacht man aus dem mediterranen Traum, sieht man all die Bettenburgen und Campingplätze durch die Olivenbäume blitzen und sucht vielleicht nach anderen Ufern. Dann sei empfohlen, sich in ein kleines, feines Landhaushotel mit Meerzugang oder Pool zurückzuziehen. Angebote gibt es neuerdings fast wie Sand an der Verudela, wie der Strand heißt. Dort übrigens könnte ein Stelldichein mit Adriana glücken, der medienbekannten Mönchsrobben-Dame, die für ihre rare Gattung in der Adria ungefragt Werbung macht. Oder man macht sich auf und besteigt ein Fährboot nach Rijeka oder in die Kvarner-Bucht, auch nach Venedig gibt es Fährverbindungen.

Eine weitere Variante mit frischer Brise ließe den Entschluss zu, sich auf ein Fahrrad zu setzen und dem EuroVelo 9 zu folgen, dem Radweg entlang der Bernsteinstraße durch Istrien, Slovenien, Österreich, Tschechien, Polen bis nach Danzig an die Ostsee. Alles eine Frage des Willens, der Lust und der Zeit. Oder die der Qualität des Elektrofahrrads. Das Angebot ist groß.

Adressen-Auswahl

Puntulina ist ein klassisches Fischrestaurant in Traumlage. Direkt über dem Meeresspiegel liegt die unterste Ebene der verwinkelten Terrasse; in mehreren Etagen von unterschiedlichen Höhen genießt man seine Bestellungen wie am Heck eines Schiffes mit der von Kiefern bestandenen Insel Katarina vor sich. Feinste Speisen (auch Innereien sind delikat) des alten Hauses verwöhnen auf besondere Art, nicht zuletzt dank des sehr freundlichen Personals, und das Haus selbst überrascht mit der exponierten Lage an der Ufergasse.
52210 Rovinj, Sv. Križa 8, Tel.: +385 52 81 31 86
www.puntulina.eu

Nur ein paar Schritte weiter in die Bucht hinein befindet sich die Lifestyle-Bar **Valentino**, die für Romantik und Cocktails zuständig zeichnet, direkt am Altstadtfelsen in einer Häuserlücke. Erst im Zauber der blauen Stunde zu Sonnenuntergang wird man ihrer so richtig gewahr. Der warme Kerzenschein etlicher auf den Felsen verteilten Laternen zeigt die menschlichen Silhouetten vor den Reflexen der stillen See mit den einander zuprostenden leuchtenden Drinks.
52210 Rovinj, Santa Croce 28, Tel.: +385 52 83 06 83
www.valentino-rovinj.com

Natürlich ist das **Hotel Adriatic,** 52210 Rovinj, Trg M. Tita 5, Tel.: +385 52 80 35 10, gegenüber dem venezianischen Uhrturm an der Häuserfront der Altstadt am Hafen durch seine prominente Lage nicht zu übersehen. Das alte Gemäuer wurde grundrenoviert und zum Design-Hotel gewandelt. Eine standesgemäße Terrasse regt rund um den Eingang zum Einkehren an. Die Brasserie hat bereits eine kreative Küche in stylishem Ambiente. Dieses Haus ist die Innenstadt-Dependance des neu gebauten **Hotels Lone** in der nahen südlichen

Bucht. Dort tummeln sich neuerdings Spitzenköche, die den Trend der Zeit nicht nur erfüllen, sondern mit erfinden. Als Küchendirektor von der Betreiberfirma Maistra ist Andy Gaskin in Rovinj Herr über drei vom Guide Gault & Millau mit Hauben ausgezeichnete Restaurants.
Auch die **Taverne Kantinon** in einer ehemaligen Kellerei am Hafen gehört dazu.
52210 Rovinj, Obala A. Rismondo 18, Tel.: +385 52 81 60 75
www.maistra.com

Eine urtypische istrische Konoba findet man etwa zehn Kilometer von Labin entfernt (in Richtung Inland) im **Landhaus Pineta**. Typisch deshalb, weil hier die Konoba-Tradition ursprünglich gepflegt wird. Nahezu alles wird von Familie Radičanin angebaut und selbst verarbeitet: Wein, Grappa, Gemüse, die istrische Nationalnudeln Fuži, Gnocchi und Krafi – eine Art Ravioli, ist in der Gegend um Labin beheimatet und in pikanter oder süßer Version gleichermaßen reizvoll. Die „Dessertausführung" mit einer Fülle aus Kuh- und Ziegenkäse, Ricotta und Rosinen wird in Nussbutter geschwenkt und verlangt geradezu nach einem hausgemachten Holundergrappa. Maneštra, Jota (Krautsuppe), Schmorgerichte mit Kalb, Lamm, Wild oder Pilzen – hier kommt das Hinterland genau so auf den Tisch, wie es die Istrier am liebsten mögen, und wenn Schwiegertochter Erna dazu ihren erfrischend natürlichen Charme serviert, ist das Gästeglück perfekt.
Sv. Martin 32/b, 52231 Nedešćina, Tel.: +385 52 654 045
www.konoba-pulipineta.com

Auch in Pula selbst finden sich, wie überall im Land und an der Küste, Boutique-Hotels in exklusivem Stil internationalen Formats. Das **Valsabbion**, dessen Prinzipalin Sonja Perić getrost als Pionierin dieses Trends bezeichnet werden kann, ist vielleicht das Flagship unter diesen, diente als Role-Model für die moderne Leichtigkeit im bäuerlichen Umfeld mit seiner langen, oft schweren Geschichte. Doch auch in der Karibik war die schwere Geschichte durch Kolonialismus und Sklavenhandel länger als der jetzt bekannte Ruf des importierten, neu erfundenen Dolce Vitas mit seinem luxuriösen Freizeitangebot. Alles ist aus der Einfachheit geboren, schöpft noch immer aus der Grundlage, die die Region über Jahrtausende auf natürliche Art bildet. Die modernen Baustoffe ermöglichen auf bequeme und erschwingliche Weise eine lichte, nach neuesten Standards errichtete Architektur. Die kluge Besinnung auf die lokalen, traditionell vorhandenen Materialien wie Karst-, Sandstein und Holz macht den ungemeinen Charme des hiesigen Interieurs aus. Genauso geht man hier mit dem Speisenangebot um. Die bunte Palette all der Produkte, die die Erde hier bietet, wird in ihrem Umfang inzwischen wieder so weit kultiviert, dass das ganze einheimische mediterrane Programm gepflegt und verfeinert auf den Tischen großen Anklang findet. In der Tito-Zeit war es meist nur eine stark reduzierte Zahl an Produkten, die als Einheitsküche deren eigentliche Stärken verkümmern ließen. Die Konobas aber, die Keller fast jeden Hauses, die als ganz natürliche Kühlschränke, als Weinlager und mit offener Feuerstelle für Feiern mit Verwandten dienten, stehen bis heute für Qualität. Die Bezeichnung ist auch dann oft geblieben, wenn es gar kein Keller mehr ist. Die Vielzahl der angebotenen Unterkünfte und Restaurants bieten zunehmend etwas für jeden Geschmack und Geldbeutel.

Pješčana uvala VII ogranak, 52100, Pula-Vintijan
Tel.: +385 52 218 033, www.valsabbion.hr

Die **Konoba Batelina** im Pula-Stadtgebiet Banjole ist in dem Feld des reichhaltigen Angebots zwischen Design-Hotels, Luxusrestaurants und kleinen Gasthäusern, ein gutes Beispiel für schlichtes Äußeres mit gediegenem Inneren. Ungezwungen werden die feinst gekochten Gerichte der reichhaltigen Speisekarte aus den Händen der Familie serviert. Deren Qualität genießt einen Ruf, der weit reicht und Touristen wie Politiker gern von fern anreisen lässt.
Čimulje 25, Banjole, 52100 Pula
Tel.: +385 52 573767

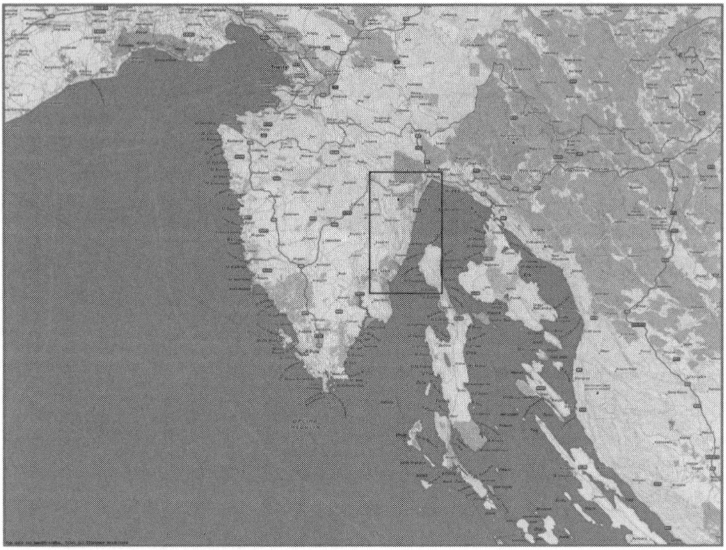

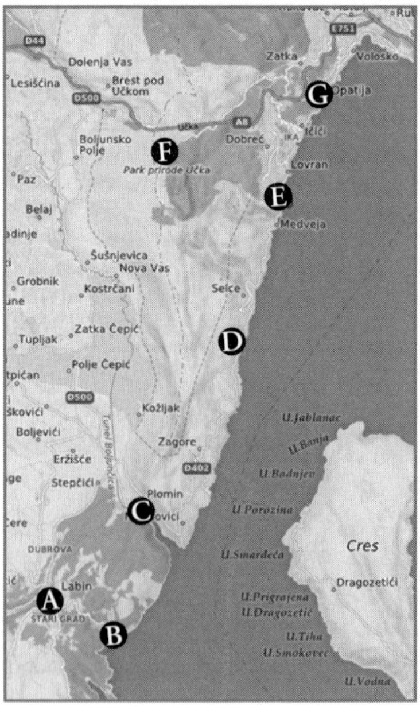

A Venezianischer Palast Loredan
B Strandperle Rabać
C Mošćenice – Posten gegen Piraten
D Habsburger Posten gegen Piraten
E Lorbeeren seit der Antike
F Gipfelpanorama vom Učka-Gebirge
G Villa Angiolina und K.-u.-K.-Flair

03 Entlang der Küste zwischen Labin und Volosko

Vom Bergbaugebiet bis zur Riviera der Hautevolee

Dieser Ausflug könnte als Reise durch einen sozialen Mikrokosmos dienen, als interessanter Lehrpfad durch unterschiedliche Lebensrealitäten in der istrischen Gesellschaft.

Schön ist es beim barocken Palazzo Battiala-Lazzarini, wenn man von der Unterstadt Labins durch das Tor des heiligen Florian zur Altstadt hinaufgegangen ist. All die Neubauten aus den 1970er-Jahren im Umfeld lässt man damit hinter sich und gelangt buchstäblich tief in die Vergangenheit dieses Fleckens von Istrien. Politisch zählt man Labin heute gerade noch zur Gespanschaft (Bundesland) Kvarner, aber diese beiden Gegenden gehören geografisch ohnehin fest zusammen, eine Grenze überschreitet man zwischen Istrien und dem Kvarner höchstens gedanklich und in der Praxis nur dann, wenn man offizielle Behördengänge erledigt. Im 13. Jahrhundert wurden Görzer Grafen Herren der Gegend, die zum Lehen von Pazin gehörte. Der venezianischen Adelsfamilie Loredan wurde 1535 durch eine kuriose Auktion ganz Istrien vom Dogen des Lagunenstaates überlassen und sie residierte von ihrem Palazzo aus über die ganze Halbinsel. Der Palast Loredan entstand 1606 als Teil der Stadtmauer und repräsentiert noch heute mit seiner barocken Fassade den Reichtum dieses Geschlechts. Hier im Palazzo befindet sich heute das Bergwerk-Museum mit historischen Werkzeugen, archäologischen Funden sowie einem Einstieg in alte Stollen im Keller. Spannend für Kinder, wenn sie behelmt die dunklen Gänge spielend erforschen, und für Erwachsene, wenn sie die frühen Arbeitsbedingungen, die es noch bis in jüngere Zeiten gab, vor Augen haben. Labin hat immer wieder Künstler aus aller Welt eingeladen, um dieses alte Bergwerkslabyrinth für Events aller Art zu nutzen und um damit ein neues Zielpublikum zu gewinnen. Manches ist dort an Performances, Filmen und Ausstellungen in den Sommern der letzten Jahre gelaufen. Die Mehrheit lockt meist aber der Freizeitspaß am Strand der nahen Küste, rund um den kleinen alten Fischerhafen dieser alten Bergwerksstadt, den Mandrač von Rabać. Dort hat sich in der neuen Phase des modernen Kroatien tatsächlich einiges getan. Die Welt am Meer, fünf Kilometer von Labin entfernt, zeigt sich den Online-Ansprüchen der Urlauber gerüstet. Die ruhige, malerische Bucht bildet den gastlichen Rahmen, und so pflegt der Ort mit seinen lauschigen Badegelegenheiten den Ruf als „Perle" dieser Küste. Tatsächlich wurde hier früh damit begonnen, diesen eleganten Begriff durch Tourismuswerbung exklusiv zu festigen. Der prominente österreichische Gast, der Offizier namens Kaiser, der im 1889 eröffneten ersten großen Hotel „Quarnero" logierte (das Hotel „Trieste" kam 1925 dazu, heute „Primorje"), prägte damals diesen Ausspruch: „Es ist die Perle des Kvarner". Um ihn zu bekräftigen, hat der namhafte Künstler Vasko Lipovac (1931–2006) ihn mehr als hundert Jahre später buchstäblich in Stein verewigt. Auf den Felsen von St. Andrea hat er verstreute weiße Marmorkugeln integriert, sie scheinen dort locker wie Perlen zu liegen, trotzen jedem Wetter, jeder noch so gewaltigen Meereswoge und gemahnen gleichzeitig symbolisch an die zu schützenden Wunder der Natur. Allein die idyllische Architektur der Fischerhäuser aus Gründerzeiten hat fast vollständig den Bauten des zunehmenden Tourismus weichen müssen, alles im Geiste der 1960er-Jahre, als der Massentourismus aufkam. Zum Zwecke der Werbung hält man sich daher gerne an besonders vertrauenswürdige Gäste und deren Feedback, so zum Beispiel an Homer, Goethe oder Lord Byron. Hier ist es der englische Reiseschriftsteller Richard Francis Burton, der in seinem Buch „Istrische Küste“ Rabać 1879 als ausgesprochen reizvoll und herrlich bezeichnete. Kaum mehr als zehn Häuser waren seinerzeit dort zu finden. Mitte des 19. Jahrhunderts hatten nur einzelne Ausflügler hierhergefunden und soziale Medien gab es damals noch nicht, sonst wäre sicher längst ein Besucherstrom angelockt worden.

Am Kap Sveti Andrija kann man bei dem Angebot an neuer Hotellerie und wirklich schönen Lokalen am nahen Strand mit knorrigen Kiefern im Hintergrund gelassen verweilen. Wer Lust auf den weiteren Verlauf des Kvarner-Ufers hat, fährt spazieren, nimmt ein Boot für den Wasserweg oder den Wagen für die Landstraße Richtung Norden. Auf der Straße sollte man einen Abstecher zum nahen Barban machen, am besten im August. Wenn man über die E751 kommt, führt die Straße noch einmal südwestlich in das Tal des zweitgrößten Flusses Istriens, der Raša, die westlich des Učka-Gebirges entspringt. Bevor man den kleinen mittelalterlichen Ort mit seiner erstaunlich guten Bausubstanz umfährt, quert man die Eisenbahnlinie, die für den Kohletransport zum kleinen Hafen Bršica diente, um in das Städtchen Barban (250 Einwohner) mit seiner Kirche Sveti Nikola (1770) zu gelangen. Die traditionellen Ritterspiele sollten nicht verpasst werden, sie finden fast jedes Jahr am dritten Augustsonntag statt. Bei diesem wiedererweckten Wettstreit zeigen sich geschickte Reiter in historischen Volkstrachten und mit langen Speeren gerüstet. Die Kunst besteht darin, einen Ring aus Federn, angebracht an einem Holzring auf einem hohen Pflock, so beim Anreiten mit der Lanze zu treffen, dass er auseinanderfällt.

Plomin – die Hüterin des Geheimnisses um den Heiligen Georg

Dieser Wettkampf wurde 1693 kreiert, dann im 18. Jahrhundert wieder abgeschafft und erst 1976 wiederbelebt. Das spannende Geschicklichkeitsspiel bereichert ebenso wie viele andere Feste und Artefakte die Region. Genau hier werden die meisten Volksfeste, in erster Linie für die Einheimischen, ausgerichtet, die damit alle Schätze ihrer Heimat ehren. Auch Feigen, Wein, Honig und Oliven werden durch Veranstaltungen entlang des Jahres gepriesen. Dichterlesungen gibt es im Juni, Akkordeonkonzerte im Juli, Klassikkonzerte finden im September statt und all diese Festivitäten sprechen sich mehr und mehr unter Liebhabern herum. Dem Internet sei Dank.

Als ewig Fragender treibt mich ein Abstecher noch nach Nesactium beim nahen Dorf Marčana. Der Grund für die vorhandenen Mauerreste wurde vom römischen Historiker Titus Livius aufgezeichnet. Einer der kaum genannten Könige der Histrier war Epulon. Römische Legionen vernichteten seine Stadt 177 v. Chr., um die Piraterie der hiesigen Ureinwohner zu rächen. Bevor er und seine loyale Gefolgschaft in Gefangenschaft geraten wären, begingen sie Massensuizid. Im stillen Gedenken an den frühen istrischen Freiheitswillen fühlen wir wenigen Besucher der Stätte uns an diesem Tage irgendwie geeint.

Nach der kleinen, etwa 50 Kilometer langen Exkursion, bleibt die malerische Hauptstraße mit dem profanen Namen E751 der rote Faden Richtung Nordosten. Beim alten Dorf Plomin gelangen wir an den Ausgang eines Kanals, der als Relikt vergangener Zeiten zur Entwässerung der malariaverseuchten Sümpfe im Hinterland noch existiert und auf dem man Kohle transportierte. 1932 wurde das Wasser des noch bis dahin bestehenden Sees Čepic, der immer durch das Flüsschen Boljunčica genährt und durch deren Sedimentablagerungen gestaut wurde, in diesen Kanal geflutet. Im flachen Wasser des Sees gediehen vor allem Aale und Tsetsefliegen. Letzere wurden zur Plage, sodass 1925 die faschistische Regierung Italiens unter Mussolini beschloss, alles so weit trocken zu legen, um mit Reisfeldern Landwirtschaft betreiben zu können. Mit einem pompösen Festakt der politischen Prominenz wurde der unterirdische letzte Stich des 4,5 Kilometer langen Abflussstollens, den 250 Arbeiter über drei Jahre hinweg graben mussten, mit einer publikumswirksamen Sprengung begangen. Allein – das Projekt des Reisanbaus blieb erfolglos. Aber das Problem der Malaria-Plage war so immerhin gelöst worden.

Der Anleger für die Kohleschiffe klebt förmlich an der gegenüberliegenden Felswand, um für das nahe Kraftwerk Nachschub entladen zu können. Früher wurde es durch die Bergwerke von Labin bedient. So ist der lange, inzwischen moderne Schlot hier zur Landmark für die Kumpel früher Industrialisierung geworden.

Hier am Meer treffen beide Straßen, die zu Land und die zu Wasser, wieder zusammen. Plomin selbst, das man an seinem kurzen Turm aus Karstgestein der Kirche St. Georg stets erkennt, durchfährt man leicht auf sanften Kurven, ohne zu ahnen, welch stille Zeugen des Mittelalters man dabei passiert. An der Außenwand dieses Gotteshaus befindet sich ein einfaches, naives Steinrelief, das den Namensgeber mit einer Zweiggabel darstellt und das die wohl früheste glagolitische

Inschrift aus dem 11. Jahrhundert ziert. Dieser Einzigartigkeit wegen hat man eine Kopie auch im Inneren angebracht. Doch späten Nachforschungen zufolge handelt es sich hier um den römischen Gott Silvanus, der nur durch die Umdeutung als Georg der Zerstörung entgehen konnte. Die in Fellstiefeln steckenden Beinstümpfe und der Zweig, statt eines Schwertes, haben zu dieser Erkenntnis geführt. Aber noch eine dort verewigte Figur kann den Kunstsinnigen berühren – ein gotisches Gemälde, das Meister Albert aus Konstanz Mitte des

15. Jahrhunderts auf einer Reise nach Istrien hier in Plomin hinterlassen hat. Die Muttergottes als stillende Maria Lactans, die dem Jesuskind nicht nur Milch gibt, sondern auch einen Apfel beziehungsweise eine Quitte zur Hand hat, gedacht als zusätzliches Zeichen für die Verbindung zum Menschen und für die Überwindung der Erbsünde durch Christi Geburt. Es kann als die Wandlung der aus dem Paradies vertriebenen Eva gewertet werden. Nach dieser stillen Einkehr trete ich wieder ins blendende Sonnenlicht. Welch ein Kontrast! Warm und würzig weht die Meeresbrise mir wohltuend ins Gesicht,

Jadrolinija-Fähre zwischen Rijeka und der Insel Rab

Vogelgezwitscher, rauschende Feigenblätter und das Zischen eines vorbeifahrenden Autos bringen mich zurück ins wunderbare Hier und Jetzt, bewegen auch mich zur Weiterfahrt.

Ab hier führt entlang der mit dicht begrünten Felswänden gesäumten Küstenlinie der einzige Weg. Oft leiten schlanke, geduldige Zypressen die Straße durch die kurvige Uferlinie, während kleine Strandbuchten Bootsfahrern Badepausen auf dem Kurs Richtung Rijeka anbieten oder man sich eingeladen fühlt, in netten Fischerhäfen Rast zu machen.

Das weiße Schiff der Jadrolinija im fernen Blau, für jeden gut sichtbar, ist im stetigen Dienst, um die Verbindung zwischen der Halbinsel Istrien mit den Kvarner-Inseln Cres, Lošinj sowie Krk und Rab zu halten. Vom fast häuserlosen Fähranleger Brestova, den man über eine kleine, steile und kurvige Straße die Felsen hinab von der hohen Ufermagistrale E751 aus erreichen kann, wählt man dort also noch einmal sein Reiseziel.

Der Weg zur Riviera des Adels aus der habsburgischen Zeit führt hier weiter geradeaus. Das einsame Grün aus mediterranen Macchien, Zypressen und Pinien verdichtet sich am immer stärker werdenden Rücken des Učka-Bergs, der höchsten Erhebung der ganzen Region. Die ständigen Ausblicke über das Wasser von der mäandernden Straße entlang des Golfs aus wirken wie eine 3-D-Landkarte.

Wenn dann auf einem Hügelgipfel in der dunkelgrünen Natur das kleine Dorf Mošćenice (325 Einwohner) hell auftaucht, dann hat man geschwind das unterhalb am Meer liegende Mošćenička Draga erreicht. Ein idealer Stopp für eine Rast und einen Lokalaugenschein, um sich durch die feine, einfache Küche zu stärken. Vor allem dann, wenn man vorher den 173 Meter hoch gelegenen Wohnort, seiner schönen Aussicht wegen, über die 745 Treppenstufen, die ihn mit seinem Fischerhafen verbinden, bereits besucht haben sollte. Eine Bergstraße steht aber auch zur Verfügung. In seinem alten Stadttor prangt nach wie vor das Wappen der Habsburger. Die hohe Lage wurde bereits im 12. Jahrhundert von römischen Herrschern geschätzt und gut 300 Jahre später die Siedlung von österreichischen Adelsfamilien übernommen, die mit ihren Verbündeten, den Uskoken, sich von dort gegen kreuzende Schiffe aus Venedig verteidigen konnten. Erfolgreich wehrten sie Überfälle ab und standen eine lange Belagerung durch die Flotte der Serenissima von 1612 bis 1616 durch. So blieb der kleine Ort auf seiner stolzen Höhe bis Ende des Ersten Weltkriegs bei Österreich. Ein sonderbares Relikt österreichischer Kultverehrung im Barock kann am Friedhof der St.-Bartholomäus-Kirche gefunden werden. Eine mit Flechten bewachsene, lebensgroße Figur des heiligen Nepomuk, der, als Zeichen der Verschwiegenheit durchs Beichtgeheimnis, seine Hand vor den Mund hält. Dieser eigentliche Schutzpatron der Brücken aus Böhmen ließ sich als Symbolfigur des ehrenvollen Schweigens verwenden, um so nach 1750 als stille Antwort auf die Gegenreformation den Selbstschutz zu beschwören. So ist es zu erklären, dass der Nepomuk auch in Istrien in dieser Haltung öfter zu finden ist.

Der flache Strand vor der Uferpromenade, neben dem ehemaligen Fischerhafen Mošćenička Draga, erfreut sich großer Beliebtheit und lässt sich vor der Einkehr als schnelle, angenehme Abkühlung nutzen. Geschützt unter einer Reihe alter Laubbäume sitzt man auf einer Terrasse des alten Gasthauses vor der Adria und kann sich entspannt der Speisenauswahl widmen. Weiter hinten im Ort, an einer kleinen Stichstraße abseits der E751, liegt der berühmt gewordene Geheimtipp für Fischliebhaber, das „Johnson“. Für jeden Meeresfrüchte-Liebhaber liegt hier ein kleines, schlichtes Paradies. In einer Kurve der Küstenstraße auf Höhe des Ortes führt eine kurze Stichstraße zu dem bescheidenen Haus. Im warmen, rustikalen Inneren überraschen die Mitglieder der Familie Jurdana mit herzerwärmender Freundlichkeit und kredenzen Fischgerichte in feinster Form. Dragan bringt als Meeresenthusiast den Fang von seinen Touren mit, zeigt sie dem Gast gern strahlend stolz auf dem Silbertablett, Küchenchef Ivan Jadreškić bereitet die Wahl dann köstlich zu und setzt die anderen auf die Karte.

Am nächsten, langen Badestrand aus weißen Kieseln bei Medveja kann man sich noch einmal dem Badevergnügen und dem Sonnen in wilder Natur hingeben, bevor man sich immer näher an der dicht bebauten und seit mehr als 100 Jahren kultivierten Freizeitküste unterhalb des Učka-Berges bewegt.

Lovran, Lorbeer auf Kroatisch, ist der erste Ort, den die Riviera genannte Küste miteinbezieht. Hier beginnt bereits der längst legendäre Uferwanderweg und die 13-Kilometer-Strecke bis nach Volosko am Ende des Kvarner-Golfs nahe Rijeka, was einen illustren Spaziergang ermöglicht.

Auch die römische Bezeichnung Laurana, die ebenfalls den Lorbeer preist, deutet die antiken Wurzeln dieser sympathischen Siedlung an. Und tatsächlich sind die Merkmale einer wenigstens mittelalterlichen Festung noch gut zu erkennen. Der Ortskern besteht heute aus von Häusern überbauten Resten alter Stadtmauern mit Wehrtürmen. Eingangsportale wurden bis ins 19. Jahrhundert hinein noch von Schutzfiguren, meist grimmig schauenden Gesichtern mit dunkler Haut, geziert, die oft Turbane trugen und mit einem Stadtwappen verziert waren, in dem der Burgturm die zentrale Rolle spielt. Dafür ist das Mustaćon-Haus noch ein schönes Beispiel. Warum gerade osmanische Physiognomien in dieser Farbigkeit Verwendung fanden, wo die Türken doch zu den Dauerfeinden gezählt wurden, ist ein Rätsel. Vielleicht lag es an den intensiven Handelsbeziehungen zum Orient im frühen Mittelalter, wie sie der arabische Geograf al-Idrisi im 12. Jahrhundert beschrieben hat: Lovran sei als Stadt ein wichtiges Handels- und Seefahrerzentrum. Vielleicht hat man aber auch vorgesorgt, falls ungebetene Gäste vor der Tür stehen würden, quasi zur Abschreckung oder Ablenkung. Jedenfalls war der Holzschnitzer

Friedliche Symbiose im Mandrac von Lovran – Fischerboote vor Luxusvillen

Mihovil Zierer der unangefochtene Meister aus Rijeka, und damit zwar einer derjenigen, die für die Zierde der Bürgerhäuser sorgten, selbst aber kein Orientale war.

Der dreieckige Mandrač, der kleine Fischerhafen, ist nach wie vor gesteckt voll mit kleinen Booten und drängt sich zwischen den Häusern malerisch unter der Hauptstraße in den Fels. Auch Surfer, ein Ruderklub, Freizeit- und Ausflugsschiffe sind hier zu Hause. Auf der Mole, die diesen Liegeplatz schützt und welche die Wucht des Meeres abhält, hängen ausgebreitet an aufgestellten Astgabeln Fischernetze, die das Bild mit den dahinter sichtbaren, über dem Küstenrand thronenden herrschaftlichen Villen ungewohnt aufmischen. Sie waren das untrügliche Zeichen für den im 19. Jahrhundert gelebten Wohlstand. Man wollte mit standesgemäßen Sommerdomizilen an dieser prachtvollen Küste zeigen, dass man mithalten konnte. Die luxuriösen Häuser verdichten sich mehr und mehr auf der sonnigen Ostküste bis hin nach Volosko. Auch Kliniken und Pflegeheime haben hier das heilsame Klima früh genutzt. Einige wurden in sozialistischen Zeiten so intensiv für die Volksgesundheit genutzt und damit zwangsläufig runtergewirtschaftet, dass sie in den Krisen danach verfallen wären, hätten nicht rechtzeitig neue Gesellschaften für

Die romanische Sveti Trojstva am Hafenpark von Lovran

Renovierungen, Ausbau und Modernisierung gesorgt, wie man es auf dem weiteren Weg noch staunend sehen wird.

Die südliche Seite des überschaubaren Hafens ist von einer kurzen Halbinsel begrenzt, auf der sich einige Lokale, das alte Hotel „Kvarner" sowie ein kleiner Park mit hohen Pinien um eine romanische Kapelle befinden. Die Gäste sitzen lauschig unter weiten, hellen Markisen wie an einer Reling und genießen unterhaltsam die Aussicht über den Golf und die Insel Cres, sicher auch die Wahl ihrer Speisen und Getränke, und das bis lang nach Sonnenuntergang. Vielleicht hat der ein oder andere den steilen Fußweg vom höchsten Gipfel des Učka-Gebirges, dem Vojak, nach fünfstündigem Abstieg in den Beinen und fühlt zufrieden die ganze Leistung seines Körpers in Ruhestellung und erzählt glücklich vom Klettern und Schauen in der Lovranska Draga, der Schlucht mit seinem Wildwasserfall, vom Panorama zwischen Julischen Alpen und der Inselwelt da draußen, wo der Horizont bis zur Insel Pag reicht. Hier am Mandrač führt eine Treppe von der Häuserzeile an der Straße hinunter zum Meer, damit beginnt der Lungomare, der Küstenwanderweg nach Opatija.

Allerorts ist schöner, kräftiger Baumbestand zu sehen: Kastanien, Eichen, Ahorn und in den Gärten auch Kirschen,

Feigen und Zitronen sowie stets immergrüne Lorbeerbüsche. Der durchwegs gepflasterte Küstenwanderweg, inzwischen auch hin und wieder durch Asphalt ausgebessert, hat fast gänzlich entlang der Felsen über dem Wasser ein altes Eisengeländer. Diese frühe Idee der Frau des Direktors vom ersten und größten Hotel der österreichischen Staatsbahnen, dem Hotel „Kvarner" in Opatija, war für sie nicht nur ein gemeinnütziges Projekt zur Verbesserung der Sicherheit lustwandelnder Adelsleute, sondern stellte sich im Nachhinein auch als nachhaltige Rettung des Seezugangs für alle Privatvillengrundstücke sowie die Öffentlichkeit heraus. Da zwischen den Bebauungen immer wieder schmale, manchmal versteckte, auch tunnelartige Gänge diesen Weg mit der oben verlaufenden Straße verbinden, kann man sich frei nach Gusto die Etappen so wählen, dass kein Stress aufkommt, sollte man sich und seine Kräfte falsch eingeschätzt haben. Auf der Straße kann für wenige Kuna der Bus Abhilfe schaffen, bis 1933 fuhr hier sogar eine Straßenbahn fast 30 Jahre lang in beide Richtungen, um bequem an sein Ziel zu kommen. Die Länge der ganzen Strecke

Der beschauliche 13 km lange Lungomare von Lovran nach Volosko

vergisst man allerdings schnell, wenn man sich von den Ausblicken, den Strandbuchten, dem ein oder anderem Sprung ins warme, aber erfrischend klare Wasser und den schönen Villen inspirieren lässt. Mehrfach kreuzen wuchtige Wurzeln alter Eichen das Pflaster, kleine Buchten zwischen Felsen, mit verwunschenen Treppchen zum winzigen Strand, ähneln künstlich gestalteten Landschaften der Romantik, was die meist dazugehörige Villa am Hang in ihrer zauberhaften Üppigkeit bestätigt.

Ein Kleinod in Lovran ist zum Beispiel die Villa Astra. Stolz steht das venezianische Gebäude mit gotischen Sandsteinfensterfassungen auf k. u. k. kaisergelbem Putz und mit florentinischem Dachvorsprung auf grünem Grashügel vor einem. Man selbst ist dabei von weiten Kronen alter Eichen geschützt. Die Lorbeerhecke mit dem schmiedeeisernen Tor, das Zugang zur Badestelle schafft, trennt das Grundstück zum Lungomare. Der Kiesweg führt zentral auf die Freistiege zum Salon. Links kann man den Swimmingpool, gesäumt von Sonnenschirmen und mit einer hohen Terrasse dahinter, erahnen. Kleine Loggien mit steinernen Säulengeländern zieren die

Paradevilla der K-u.-k.-Zeit im venezianischen Stil an der Riviera: Villa Astra

Seefront. Ein Schmuckstück, das, durch einen lichten Aleppo-Kiefern-Hain gesäumt, ein besonderes Boutique-Hotel abgibt.

Durch die schlanken, borkigen Baumstämme grüßt nicht weit von hier ein ebenso elegantes Gebäude im ähnlichen Stil. Auch diese Villa gehört inzwischen dem Hotelier der Villa Astra. Hartnäckig hat Vjekoslav Martinko an seinem Traum festgehalten, diesen edlen Stücken zu einer gepflegten Zukunft in einer Oase der Stille und Kontemplation zu verhelfen. Den spontanen Wandel in seinem Leben vom Manager im Pipeline-Business zum Hotelier hat er zielsicher nach der neuen Unabhängigkeit Kroatiens herbeigeführt, als er das eine Haus in den späten 1990er-Jahren kaufen konnte. Die wunderschönen, aber wenigen Zimmer einer Villa wie dieser werden sich wirtschaftlich allerdings kaum rechnen, wenn man das entsprechende Personal dazu beschäftigt. Das Nachbarhaus aus diesen Gründen dazuzunehmen, beruht jedoch nicht nur auf finanzieller Kalkulation, sondern offenbart auch die Altlasten eines völlig anderen Systems. Im sozialistischen Staat Titos gingen mit beruflichen Beförderungen, durch Leistung, Haltung und Verbindungen, meist nur wenig monetäre Verbesserungen einher, sondern Dienstgrade und Naturalien sowie Wohn- und Landnutzungsrechte. Hier, wie in sehr vielen anderen Gebäuden aus Zeiten feudalistischen Stils, hat man die Stockwerke in Wohnungen parzelliert und diese an zu begünstigende Familien mit Dauermietverträgen zu Bedingungen überlassen, die die neuen Standards weit unterschreiten. Kurz – man kann als neuer Eigentümer das Haus nicht mieterfrei bekommen. Gerichtlich wäre das nur schwer und langwierig durchzusetzen, finanziell oft unrealistisch, in Übergangszeiten wäre es oft ungesetzlich und in jedem Fall unmoralisch. Inzwischen sind viele Jahre vergangen und die Veränderung hat überall Einzug gehalten. Doch diese Hintergründe sind meist die Hürden für eine zögerliche Erneuerung – was man im ganzen Land, vor allem aber gerade hier, wo der gehobene Fremdenverkehr längst hätte blühen können, ungefragt nur schwer versteht. Heruntergekommener Altbestand, gerade im Luxussegment, braucht Sachverstand, Stilsicherheit, bauliche Genehmigungen und hohe Investitionen. Für all das war das Land zu lange in anderen Verhältnissen, und gerade der Besitzstand, verzeichnet im Grundbuch des Katasteramts, befand sich meist noch auf der Ebene der k. u. k. österreichischen Ära, notiert in Kurrent mit Feder auf Papier. Man kann nur ahnen, wie groß die Hürden waren, und staunen, wie der Staatsapparat es hinbekommen hat, alles so weit auf den neuesten Stand zu bringen, dass das Land inzwischen Mitglied der Europäischen Union hat werden lassen, denn all diese Dinge galten als Teil der Vorraussetzungen für einen Beitritt.

Steht man an offenen Balkontüren in der Villa Astra, die kostbaren Vorhänge in der lauen Sommerbrise schwingend und schaut über den Garten durchs dichte Eichenlaub auf den Adria-Horizont dahinter, dann könnte man sich still der Argonautensaga erinnern. In der Antike war der gebräuchliche Name für die Inselgruppe um Cres, Krk und Lošinj mit weiteren 36 Eilanden: Apsyrtides. Allein das weist auf die lange Geschichte und Kultur dieser Region hin. Wenn Medea und Circe hier, also für antike Verhältnisse weit entfernt vom Heimatland Griechenland, ihr Unwesen getrieben haben, dann muss doch schon zu Zeiten, als die Landkarten noch eher vagen Ideen und freier Grafik entsprochen haben, eine Faszination von diesen Landstrichen ausgegangen sein.

Dieser kann man an einem solchen Ort, auf einer venezianischen Loggia am Meer, besonders gut nachspüren. Die Reisen der Griechen sollen ja der Suche nach der legendären Donau geschuldet sein, die wohl Reichtum und Glück versprach, eine Verbindung von hier ins Schwarze Meer und weiter in den Kontinent, um Reichtum, Einfluss und Kontrolle zu erlangen. Allerdings blieben die Hinweise und Karten im Bereich des Märchens, denn auch die große Flussgrotte von Pazin gab keinen Weg frei.

Badebuchten mit Villa im Rücken am Lungomare - für jeden zugänglich

In der Abenddämmerung erklingt plötzlich ein Klavier mit einem Ungarischen Tanz von Johannes Brahms und lädt in den Salon zum gepflegten Dinner in geselliger Atmosphäre. Bevor die Küche die Schätze der Region servieren lässt, gibt es einen Toast, herzliche Begrüßungsworte zu den Gängen des Chef de Cuisine und seinem kreativen Menü des Abends.

Oberhalb des mittelalterlichen Ortskerns, wo man auf kleiner, steiler Bergstraße sich durch die Vegetation bis in die wildromantische Höhe des winzigen Ortes Oraj hochschraubt, hat die Villa Astra eine kleine Dependance für Bodenständige eingerichtet, die dort auf ihre ganz persönliche Art abheben können. Ein längliches, zweistöckiges Steinhaus, bis zum Sockel verputzt, leuchtet gelb am grünen Hang hoch über dem Golf. Mit seinem alten, spitzen Ziegeldach und den hölzernen Fensterläden bleibt es ein ortsübliches, einfaches Landhaus, umgeben von Rosmarinsträuchern, Fliederbüschen, wilden Lilien und Gräsern aller Art. Im Eck hinter dem Gebäude am Hang steht Frane. Der hiesige Hausherr lächelt gemütlich und begrüßt den Gast, den eine Sitzbank, die unter einem großen Feigenbaum im Schatten steht, zum Rasten einlädt. Frane ist weiß gekleidet und hält vor seiner Schürze ein dickes Bündel wilden Spargels. So schaut ein gestandener Koch am Land aus. Herzlich fordert er mit ein paar Worten und einer Handbewegung zum Willkommenstrunk auf, der bereits ein paar Schritte weiter auf einem Tischchen in einer offenen, festen Steinlaube mit herrlicher Aussicht auf mich wartet. Ein entzückendes Ensemble am saftig grünen Bergrücken, vor tiefblauem Grund der See und des hellblauen Himmels, in den ein Kirschbaum ragt. Frane weiht in die Gebräuche und Herstellung der heimischen Schnäpse ein: Travarica aus Kräutern gegen Schmerzen, Frust oder gar Depression und Loser, ein Tresterschnaps ähnlich dem Grappa, bei Magenfülle, Prošek, ein Weinlikör und Honigschnaps, für die glücklichen Momente und als Appetitanreger der weltberühmte Zwetschkenschnaps Sliwowitz, der als aufrichtiger Magenausputzer auch nicht fehlen darf. Er reicht Gläser nach Wunsch herum, aber allein der Blick in die Weite und die Stimmung, die der Meister so natürlich vermittelt, machen bereits trunken. Dazu tönt leise näher kommend der Klang eines Akkordeons. Ein junger Bursche zaubert Instrumentallieder Istriens in die Lüfte. Was braucht es mehr?

Doch das ist erst der Beginn des Nachmittags in dieser Landidylle. Frane führt seine kleine, feine Küche vor. Sein Heiligtum liegt im Raum unter der Treppe, die in die Stockwerke zu den Gästezimmern führt. Sie hat einen etwa quadratischen Vorraum mit drei Türen: zum Lager, zum Hof und zum Speisezimmer, das den ersten Stock des Hause bildet. In einer kleinen halbrunden Apsis auf der vierten Seite befinden sich seine Kochutensilien, mit denen er davor kocht. Ein Kitzschlögel mit Kartoffeln samt Jungzwiebeln ist schon auf einem Blech vorbereitet, um ins Backrohr geschoben zu werden. Vorab ist der lange, dünne Spargel aus der Wildnis vorgesehen. Diese feinen, dürren Stangen sind nur mit Kennerblick zwischen Gräsern und Gestrüpp von März bis Mai zu finden. Sie müssen frisch gerissen und gegessen werden. Sie sind echte grüne Spargel – nur ungezüchtet, unkultiviert! Man kocht sie nicht. Sie werden in der Pfanne bei leicht erhitztem Olivenöl von selbst weicher, al dente halt. Dann schlägt man ein paar Eier obendrauf, Meersalz, Pfeffer und schon wird serviert. Ein herrlicher Appetizer im Garten. Dazu ein Glas kühlen Malvazija.

Dabei erzählt Frane von seinem Tagesablauf, wie er in der Früh nach Fischen bei seinen Kollegen im Hafen, die nachts im Golf auf der Rijeka-Straße unterwegs waren, Ausschau hält und einige erhandelt, dann durch die Wiesen und Büsche seiner Hanglage zieht, um den Spargel im frischen Tau zu ernten, und bei einem Nachbarn die bestellten Kitzstelzen holt, die gestern noch im hohen Gras nebenan, nichts Böses ahnend, herumgestakst sind. Der Chef am Land hat seinen strengen Rhythmus – seine Freundin, die in der städtischen Administration als Beamtin arbeitet, das feste Einkommen. Ein Koch wie Frane macht seine Kunst aus Leidenschaft, abgerechnet wird über die Villa Astra. So wird Tradition in der Region erhalten. Zu ähnlichen Konzepten haben sich mehr und mehr auch die alteingesessenen Kleinunternehmer entschieden, aber

Lustpavillon über dem Golf: Oraj bei Lovran auf halber Učka-Höhe

das neue Engagement der Nachkömmlinge, beflügelt durch den Erfolg bei Gästen, verschaffen sich Werbung und wichtige Kontakte durch das Internet, erhandeln kluge Schenkungen und Mitbeteiligungen von ihren Eltern. Der Kochpatron von Oraj kommt fast ohne Team aus und ist ganz in seinem Element, wenn er mit den Produkten der ihn umgebenden Natur und den Rezepten der traditionellen Küche selbst experimentiert. Kein Gast wird diesen Aufenthalt vergessen, wenn er einmal ein Menü erleben durfte. Der zweite Gang könnte eine Buzara sein, ein Muschel- oder Scampigericht in Weißwein-Knoblauch-Kräuter-Marinade mit Paradeisern, wie es altösterreichische Feinspitze schon immer gern aßen. Diese entsteht in einer Kupferkasserolle. Kurz in Olivenöl Zwiebeln und feingehacktem Knoblauch anschwitzen, mit einem Fischfond aufgießen, dann gibt man die Miesmuscheln hinein und lässt sie köcheln, bis die Muscheln sich öffnen, etwas klein geschnittene Petersilie und einen guten Schuss Weißwein hinzu und es kann aufgetragen werden. Inzwischen ist das Lammstelzchen, das mit Bier und Meersalz abgerieben ins Rohr kam, vermutlich schön braun, krustig und fertig, die geviertelten Erdäpfel, die etwas später dazu mit Rosmarinzweigen aufs Blech kamen, angeröstet. Der Saft des Fleischs zog leicht in die Kartoffeln ein, die Keule wird jetzt in Portionen zerlegt. Dieser Gang ist, mit einem tiefroten, staubtrockenen istrischen Teran kombiniert, ein Festessen unter freiem Himmel. Mit Palatschinken oder Somloer Nockerln geht das Mahl in die letzte Runde, wenn man den abschließenden türkischen Kaffee nebst Loser oder Sliwowitz nicht dazurechnet. Wer noch kann, geht den Weg zu Fuß bergab zurück in den Ort und tut sich damit auch noch etwas Gutes.

MIESMUSCHELN ODER SCAMPI À LA BUZARA

Zutaten:
2 kg Miesmuscheln
2 Tomaten/Paradeiser
1 ca. 500 g schwere, mittelgroße Sellerieknolle
1 ca. 200 g schwere Stange Porree (Lauch)
1 Bund Petersilie
4 Zwiebeln
2 EL Butter oder Margarine
2 Lorbeerblätter
500 ml Weißwein
100 g Schlagsahne/Obers
Salz, Pfeffer, Zucker

Zubereitung:
Die Muscheln gut putzen, waschen und abtropfen lassen. Dann die Karotten und den Sellerie putzen, schälen, waschen und anschließend in feine Streifen schneiden. Den Porree putzen, waschen und in etwa 1 cm breite Ringe schneiden. Schließlich die Petersilie waschen und trocknen schütteln. Blätter abzupfen und fein hacken. Dazu kann auch ein Wiegemesser verwendet werden. Zwiebeln schälen, halbieren und in feine Streifen schneiden. Das Fett sollte in einem großen Topf oder Bräter erhitzt und anschließend das Gemüse und der Lorbeer darin angedünstet werden, bis die Zwiebeln glasig sind. Dann die Muscheln dazugeben und etwa 3 Minuten lang mitdünsten. Jetzt mit Wein ablöschen. Die Muscheln sollten etwa 5 Minuten zugedeckt vor sich hin köcheln, bis nahezu alle Muscheln geöffnet sind. Ab und zu umrühren. Schließlich Obers und Petersilie in den Topf geben, etwas Petersilie zum Garnieren übrig lassen. Das Ganze aufkochen lassen und den Sud mit Salz, Pfeffer und Zucker abschmecken. Muscheln anrichten, auftischen und Weißbrot dazu.

Es deutet sich also schon in Lovran an: Der kultivierte Geschmack der sogenannten österreichischen Riviera blieb nicht ohne Einfluss auf die autochthone Küche der Region und umgekehrt, denn vieles, was der verwöhnte Wiener Gaumen an exotischen Wünschen hat, ist hier seit denkbaren Zeiten zu Hause. Seefische und Krustentiere ohnehin, aber auch einfache Dinge wie Polenta und Gemüsesorten wie Mangold, wilder Spargel, Maroni und vieles mehr. Ausnahmeerscheinungen wie etwa Siebenschläfer und Bärentatze sind zum einen nicht jedermanns Sache, andererseits der Tier- und Umwelterkenntnisse wegen inzwischen nicht unbedingt politisch korrekt und somit verpönt, aber doch als regionaltypische Traditionsspeisen nicht zu leugnen. Andere Zeiten, andere Gebräuche – andere Länder, andere Sitten. Kommt man auf den Fisch zu sprechen, sollte er hier mit Bedacht gewählt und geschätzt werden. Es ist keine Mär, dass nicht nur allgemein die Meere überfischt werden, sondern sich die Adria zwischen den Spitzensaisonen merklich auch weniger regenerieren kann. Vor allem Thunfisch und Scampi, die immer die Highlights des Kvarner und Istriens waren, sind inzwischen deutlich limitiert. Wie oft, wenn man im Hochsommer bei einigen Köchen nachfragt, kommen Scampi aus Tiefkühlfächern eines Großmarkts und damit aus Argentinien oder Südafrika? Im Geschmacksduell mit seinesgleichen von der Adria würde er klar unterliegen, weil Frische zählt! Das gilt für Fische wie für Krustentiere und alles andere. Fährt man einmal mit einem der einheimischen Scampi-Fischer hinaus, morgens um fünf oder sechs Uhr zum Beispiel vom kleinen Ičići, und pendelt die Bojen auf der Riječki zaljev ab, die er zwei Tage zuvor gesetzt hat, dann sieht man, wie wenig er in seinen etwa fünfzig Reusen ernten kann. Gegenüber Zeiten, die nicht viel länger als zehn Jahre zurückliegen, ist es oft weniger als die Hälfte! Aber man kann auch an Deck oder nach der Rückkehr am Tisch bei einem guten Glas Žlahtina die Probe aufs Exempel machen und die Frische

Hummer und alle Arten von Meerestieren sind auf den Märkten zu haben.

am zarten Knacken des Panzers so sehr spüren, dass einem das Mitessen dieser Kruste in den Sinn kommen könnte und der feinsalzige Geschmack keiner Erwähnung bedarf, weil einem das Wasser im Mund zusammenläuft.

Der vorletzte Kaiser von Österreich und König von Ungarn, Franz Joseph I., hat diesem Teil seines Hoheitsgebiets, dem Kvarner Küstenstreifen im Osten Istriens, tatsächlich etwas Gutes getan: Er legte nie sein Veto gegen die lokale Politik ein. Im Vergleich zu den vielen wechselnden Fremdherrschern Kroatiens bescherte er der Bevölkerung damit so etwas wie Gestaltungsfreiheit. Und dies wussten die Hiesigen zu nutzen, darunter ein wohlhabenden Reeder aus Rijeka, der 1844 ein altes, schmuckloses Anwesen am noch bäuerlichen Fuße des Učka-Berges in der Bucht des Klosters Abbazia kaufte und zu Ehren seiner Frau umgestaltete. In unmittelbarer Nachbarschaft der Abtei, die im 15. Jahrhundert von Benediktinern gegründet wurde, die sich wohl der ruhigen Lage und des außergewöhnlichen Mikroklimas wegen im Schutze des Bergrückens hier niederließen, hatte sich Iginio Ritter von Scarpa (1794–1866) als cleverer Kaufmann ein Paradies (und Alterssitz) als Liebhaber exotischer Pflanzen erschaffen wollen, gedacht auch als ein Refugium für seine leidende Frau.

Scarpa baute das profane Gebäude zu einer stattlichen Villa aus. Er ließ Kamelien aus Japan, die Lieblingsblume seiner Frau, Magnolien, Zedern, Bambus, Palmen und viele andere subtropische Pflanzen aus aller Herren Länder importieren und widmete diesen außergewöhnlichen Park seiner Liebsten Angiolina, die leider bald nach der Einweihung starb. Testamentarisch verfügte er diesen Nachlass der Öffentlichkeit und verewigte so seine Frau auf seine Weise. Mit der Villa Angiolina zog es die betuchten Interessenten in den wundervollen Park nach Abbazia und neues Leben umgab den Garten Eden: Opatija. Mit dem Eisenbahnbauboom begann ein neues Zeitalter der Mobilität und Kaiser Franz Joseph I. förderte den Ausbau der Strecken nachhaltig, nicht zuletzt aus militärpolitischen Überlegungen heraus. Er sagte auch nicht Nein, diesem schönen Abbazia, dem jetzigen Opatija, 1887 eine eigene Bahnanbindung, eine Stichstrecke der als Istrienbahn verlängerten Südbahn, mit der Station Matulji einzurichten. Nun, die Staatsbeamten, Architekten und Großunternehmer fanden im Zuge dieses Aufschwungs, auch bedingt durch die zunehmenden Werft- und

Das Grandhotel „Kvarner", seit 1888 in Opatija, erblüht heute in neuem Glanz.

Marinehafen-Initiativen Wiens in Pula, genügend Gründe für Freizeit-Projekte an diesem vom Klima begünstigten Küstenabschnitt, um Aufträge für das Wohl der Allgemeinheit mit der Realisierung eigener Ideen zu verbinden. Kurz: Es begann ein Run auf die Küstenregion mit dem Segen von ganz oben. Sogar die Aussichtswarte auf dem 1396 Meter hohen Vojak, dem Učka-Gipfel, und die Zufahrt zu dem Olymp Istriens, von wo aus jedermann die gesamte Gegend des Kvarner-Archipels und weithin die Halbinsel überblicken kann, ließ der Kaiser 1911 durch den Österreichischen Touringclub errichten.

Der Generaldirektor der Österreichischen k. k. priv. Südbahn-Gesellschaft, der bereits die östliche Südwest-Passage zum Semmering touristisch mit erschlossen hatte, war seinerzeit Friedrich Schüler, der sich dann in Opatija einen Namen machte. Das erste und immer noch größte Hotel, das Grand Hotel „Quarnero", heute „Hotel Kvarner", wurde durch seine Initiative gebaut und 1897 eröffnet. Schon im nächsten Jahr folgte bereits ein weiteres Haus, das „Hotel Stephanie", auch mit seiner Hilfe. Ausgelöst durch die Idee seiner Frau, wurde der sich gründende Luftkurort mit dem besagten Küstenwanderweg bereichert, auf dem die Damen und Herren des oft ungesunden Gesellschaftslebens bei Konversation lustwandelnd entkommen konnten, dem Lungomare, den man im Hotel-Abschnitt Franz-Joseph-I.-Weg taufte und dessen Namen man sogar im eigenständigen Kroatien als Reverenz beibehalten hat. Direkt neben dem Kvarner Grandhotel befindet sich nach wie vor die kleine Benediktiner-Abtei mit ihrer Kapelle, geborgen unter riesigen Pinien. Auf dem Lungomare passiert man immer noch die Badestelle des Hotels, deren Gäste das Wasser durch einen kleinen Tunnel ungestört erreichen können, während man an der langen Restaurantterrasse, auf der auch getanzt wird, vorbeischlendert. Durch einige winklige Kurven hinter dem Kloster gelangt man zum winzigen Portić, dem Bootshafen früherer Ausflugsboot-Romantik, wo heute einer der „Kapitäne“ als bronzener Kollege mit selbstbewusst ausgestreckter Hand auf ein angemessenes Trinkgeld wartet und damit an seine ausgestorbene Zunft erinnert. Die modernen Touristenschiffe sowie die zunehmenden Freizeitkapitäne auf ihren Motorjachten, die inzwischen diese Fahrten entlang der Küste unternehmen, haben diesen charmanten Barkajoli die Sommergäste abspenstig gemacht. Diese haben ihren aufrichtigen Nebenjob aufgeben müssen und ihre Aufforderung „Barke fahren!?“ ist nun in der Moderne verstummt.

Die unendlichen Scharmützel, die Begehrlichkeiten und das Ringen um gesicherte Grenzen der Territorien sollten der Vergangenheit angehören. Man wollte sich nun der Schönheit und Muße endlich in Frieden hingeben können. Alles hing vom freien Markt und dvom guten Willen der Investoren ab. Der Kaiser selbst half und regte im Interesse seines Reichs Ideen an, die die Rahmenbedingungen erleichterten. Der Hofstaat, mit seinen weitverzweigten gesellschaftlichen Strukturen durch Familien, Beamte und Wirtschaftsverantwortliche, war motiviert und mobilisierte durch Eigenengagements die allgemeine Sehnsucht der Binnenländler nach Meer und Sonne. Abbazia – das Zauberwort wurde zum Zauberort. Und es scheint, als hätte sich die Strahlkraft bis zum heutigen Tag gesteigert. Gut so, das hilft Abbazia alias Opatija und nährt seinen guten Ruf. Allein der Weg zu seinem heutigen Erscheinungsbild war nicht nur steinig, sondern kam einst auch recht abrupt zum Stillstand. Noch vor dem Ersten Weltkrieg hatten sich hier zahlreiche Größen aus Kunst und Wissenschaft, Spieler und Glücksritter, aber auch Verantwortliche der Weltpolitik eingefunden und in sonnigen Gefilden die Lage der Nationen erörtert. Ja, auch der Kaiser Österreichs mit Gattin Elisabeth (Sissi) hat sein deutsches Pendant Kaiser Wilhelm II. mit Gattin Auguste Viktoria am Bahnhof Matulji

Grundstein und Herz von Opatija als Kur- und Badeort: die Villa Angiolina

empfangen und einige Tage in Opatija freundschaftlich als seinen Gast bewirtet. Feinde waren sie, bei all den stilistischen Unterschieden, nie, aber die bald folgende schicksalhafte Kette von Ereignissen, die letztlich zum Krieg führte, war 1911 ja auch noch nicht vorauszuahnen.

Die Liste der bedeutenden Namen, die dieser Nische Istriens zur Berühmtheit verhalfen, findet sich noch immer im Gästebuch des Kurorts Opatija und wird heute wieder hochgehalten. Da ist zu lesen, dass die Komponisten Franz Lehár und Emmerich Kálmán hier aufspielten, die Dichter Anton Tschechow und Peter Rosegger das milde Klima und das gesellschaftliche Leben hier genossen. Zudem gehörten unter anderem auch die Witwe Maria Anna von Ferdinand I., ehemaliger Kaiser von Österreich-Ungarn, Ferdinand, König von Bulgarien, Georg von Griechenland, Umberto I. und Emanuel III. von Italien zu den Gästen, die sich in dieser Oase vom „anstrengenden" Adelsalltag erholten.

Beim Schlendern auf dem Trottoir entlang der Promenade im Zentrum der Stadt kann man, dem Walk of Fame in Los Angeles gleich, die aktuelleren Namen der heute geschätzten Persönlichkeiten entnehmen: von Tennisspielern bis zu Schlagerstars, diversen anderen Sportlern und Filmemachern.

Man kann also sehen, dass die Kriege und Krisen des ganzen 20. Jahrhunderts seit der kroatischen Eigenständigkeit von 1994, seit dem Dayton-Abkommen, so weit erfolgreich überwunden wurden, dass eine neue Welle von Investitionen das Leben an der alten Riviera wiederbelebt.

Die Halbinsel des Angiolina-Parks lässt immer noch die Kamelienblüten sprießen, seine zentrale Villa ist restauriert und stellt sich als Museum alle Jahre wieder mit einer Ausstellung der Öffentlichkeit, die Themen wie „Die Geschichte der Bademode" oder den aufkommenden „Massentourismus" behandeln. Am unteren Teil ist eine Mauer stehen geblieben, die in der sozialistischen Phase die Parkbesucher vor der lärmenden Unterhaltung des Volkes bei Open-Air-Filmvorführungen schützen

Graffiti-Malerei bringt sie einander näher:
Popsänger Zucchero und Kaiser Franz Joseph I.

sollte. Auch diese Einrichtung findet jährlich weiter statt, und die Abgrenzung dient nach wie vor zur Trennung gegensätzlicher Pole, von lauter Begeisterung und kontemplativer Ruhe, allein die Graffitis von Häuptern internationaler Größen blinzeln durch die Bambusstäbe der Botanik: Gustav Mahler ebenso wie Zucchero, James Joyce, Albert Einstein oder Isadora Duncan. Internationale Film-, Literatur- und Theaterfestivals finden also in den Sommern regen Zulauf. Leider liegt das alte Theater an der Hauptstraße im Dornröschenschlaf, es fehlt wohl die Winterklientel. In seiner Nachbarschaft retten sich desolate Spielcasinos über die Zeit und harren dem fälligen Abrisses.

Aufgeblüht ist das „Café Wagner" mit seinem exklusiven Angebot im alten palaisartigen Haus, seinen Pavillon-Arkaden und dem herrlichen Garten samt Terrasse in der üppigen Flora am Rande des Lungomare mit Blick auf die Möwen-Marie am Meer. Es ist der zentrale Treffpunkt und macht in schattiger, lauer Luft die Wartezeit zu einem Genuss, ganz im Wiener Stil, aber getoppt durch mediterranes Flair. Schaut man sich alte Bilder an, die auch als Postkarten überall angeboten werden, dann erkennt man vieles wieder, was schon vor 1900 da war:

All die großen Hotels, die Badebuchten, den Hafen. Allein die Farben, die modernen Einrichtungen, wie die bunten Wasserspielburgen, die riesigen Werbungen, die Autos, die inzwischen die alten Schwarz-Weiß-Motive abgelöst haben, sind Zeichen der neuen Ära, die jetzt die unsere ist. Boutiquen, Fast-Food-Shops, Immobilien-Kontore, die Produkte und die Namen haben den Look, wie man ihn auch in London oder Paris findet. Die Preise sind natürlich ebenfalls schon auf diesem Weg. Aber was soll's, man ist ja im Urlaub und da kann man sich ab und zu was leisten – zum Beispiel ins „Bevanda" (wie man hier ein Glas Wein, mit natürlichem Wasser verlängert, nennt) gehen, sich auf die Sonnenterrasse legen, den Service, die Aussicht und die privilegierte Lage genießen. Vielleicht nimmt man ein Menü im offenen Restaurant ein, mit Panoramablick über die See nach Rijeka am Gebirgsufer, eine Superlative, die bei schlechtem Wetter minutenschnell verglast werden kann. Oder man setzt sich zumindest bei einem gepflegten Drink an die Bar zu einer Sportübertragung am Flachbildschirm in XXXLarge-Größe auf der offenen, schattigen Veranda.

Hypermoderne Genussoase in bester Lage: das Hotel „Bevanda"

Der kleine, dicht belegte Hafen um die Ecke ist fast gänzlich der alte. Allein die Plastikboote verdrängen zunehmend die so gediegenen Holzschiffchen. Der gediegene Käpt'n Club auf der Mole ist inzwischen ein moderneres Design-Café, die parkenden Maseratis vertreiben die Segelboot-Trockendocks alten Stils zwar, aber das Geschäft in den Speisesalons und das der Rundfahrtschiffe boomt sichtlich.

Apropos Speise: Wer sich lieber auf seine eigenen Kochkünste verlässt, wenn er sich in einem Apartment eingemietet hat und teure Menüs meiden will, dem sei der morgendliche Besuch des Marktes empfohlen. Eingefügt in die Häuserzeile an der Hauptstraße mit einem kleinen Vorplatz, steht das Schönbrunn-gelbe Gebäude mit seinem flachen Giebeldach. Bunte Blumenstände säumen den Eingang über den wenigen Stufen. Im halbdunklen Inneren findet man in angenehmer Kühle eigentlich alles, was das Herz begehrt. Frische und prächtige Auswahl wird geboten. Die ganze Palette aus Obst und Gemüse der Mittelmeerregion wird farbenfroh präsentiert. Die große Zahl an Fischarten, Krustentieren und Muscheln sowie die gut abgehangenen Wild- und Frischfleischstücke, Würste des Balkans, Teigwaren und Gebäck, Gewürze und Kräuter lassen höchstens die Qual der Wahl aufkommen. Darum sollte man sich gleich in der Früh auf den Weg hierher machen, einen Kaffee einnehmen und, bevor es heiß wird, seinen Einkauf nach Hause tragen.

Die Anzahl der prächtigen alten Villen, die sich zunehmend zwischen Ičići und Opatija bis hin nach Volosko, dem Ende der Riviera im Norden, so sehr verdichtet, dass man zwischen den Orten kaum mehr eine naturgegebene Lücke sieht, ist nach Jahren der Krise sichtlich wieder im Aufwind. Der Botanik dazwischen tat es gut, lange geschont worden zu sein, doch so manche kostbare Behausung hält sich nur noch ächzend wegen ihrer Vernachlässigung und träumt wohl selbst von besseren Zeiten. Ihre Gärten sind verwunschen, blühen üppig und lassen Zitrusfrüchte reichlich reifen. Obstbäume, Palmen

Öffentliches Badevergnügen im Zentrum von Opatija/Abbazia

und Efeu vereinen sich zu romantischen Geflechten, bis sie vielleicht ein Liebhaber wach küsst. Direkt am Ufer, in der ersten Reihe sozusagen, findet sich schneller ein Investor, besonders wenn es sich um Erfolg versprechende Wirtschaftlichkeit handelt, wie fürs Nützen als Hotel, Pension oder Restaurant.

Das altehrwürdige „Miramar" hat einen österreichischen Hotelier gefunden, der sein Glück gleich nach Kroatiens neuer Souveränität in den 1990er-Jahren auf der Rovinj vorgelagerten Insel Katarina versuchte, allerdings an der noch brüchigen Rechtslage scheiterte und hier eine gesicherte Alternative fand. Sein unerschütterlicher Glaube an die Kraft nostalgischer Wünsche seiner Gäste und die sentimentale Kunst ihrer Entstehungszeit, der Jahrhundertwende in friedlicher Kaiserzeit, hat Wilfried Holleis aus dem Salzburger Land nicht aufgeben lassen. Das alte Haus wurde renoviert und erscheint mit freundlichem Gesicht über dem Felsen, an dem sich seine Gästeschar auf der Restaurantterrasse, den Sonnenliegen und badend im Meereswasser davor tummelt. Mit dem Gartenbereich zwischen den neuen Gebäuden hat die Antiquität den Anschluss an die modernen Ansprüche geschafft, sich um Wellnessbereiche, Bars und eine ansehnliche Lobby auf Beliebtheitskurs begeben. Man kann dem Charme bei einem Dinner abends auf einer der Loggien, mit Blick auf den Kvarner-Golf, mit der Insel Cres am Horizont und entlang der Küste Richtung Pula mit ihren malerischen Buchten, mit den Masten im Hafen von Opatija, auch wirklich kaum widerstehen. Kommt auf der offenen Restaurant-Veranda dann im Sommer auch noch die Darbietung bekannter Operetten-Gesänge hinzu, dann ergibt man sich herzlich gern dieser Nostalgie.

Gleich hinter der nächsten Biege befindet sich der kleine Fischerort Volosko. Der Hafen ist so klein, dass er Mandrač genannt wird, also eine familiäre Bootsbucht mit nur einer winzigen Öffnung zum Schutz gegen die Bora und die Tücken des Meeres. Diese Bucht bildet aber einen so lauschigen Halbkreis durch die umliegenden Häuser mit ihren offenen Lokalen davor, dass sie eine fast magische Anziehungskraft beim Vorbeigehen ausübt und man sich hier meist irgendwo niederlässt. Der Weg vom Parkplatz, wenn man sich traut, die verwinkelten Gassen hier herunterzufahren, führt direkt am Wasser entlang, vorbei an einigen kleinen, hübschen Gasthäusern, die auch die Tische auf der anderen Straßeseite bedienen. Man muss sich einen Ruck geben, seiner Neugierde nachzugeben, um die paar Meter weiter ins Herz des Ortes zu spazieren, weil auch die anderen Lokale, wie das moderne, sich hinter riesigen Glasscheiben befindliche Restaurant „Mandrač“, mit ihren Angeboten locken. Der letzte Schrei ist das „Mandrač“ wegen seines Chefs aus einer Londoner Edelküche, aber es geht auch einfacher, boden- oder besser gesagt wasserständiger in den Nachbarhäusern. Klein, aber fein ist das idyllische Hangdorf am Meer, das den Abschluss dieses außergewöhnlichen Küstenabschnitts Istriens bildet, der Riviera der Habsburger.

Die Möwe auf der Hand des bronzenen Meermädchens auf dem Felsen vor dem Lungomare beschwört die Weite und Freiheit der Inselwelt zwischen Himmel und Erde. Die echte auf dem Kopf des Mädchens scheint das Bleiben vorzuziehen.

Und hier ein typisches Rezept, das Leib und Seele wieder zusammenbringt.

SARMA – KRAUTROULADEN

Zutaten:
1 Krautkopf
350 g gemischtes Hack/Faschiertes
(Schwein, Rind und etwas Lamm)
200 g Sauerkraut
4 x 100 g geräucherte Rippen/geselchte Ripperl
2 Zwiebeln
40 g Butter
1 Knoblauchzehe
50 g Reis
2 EL Rosinen
1 Bund Petersilie
1 Ei
Meersalz und Pfeffer aus der Mühle
Sauerrahm zum Garnieren

Zubereitung:
Den Krautkopf im Ganzen in Salzwasser bissfest kochen, 8 große Blätter ablösen (Stielansatz und dicke Rippen ausschneiden). Zwiebeln fein hacken, in Butter dünsten, Knoblauchzehe hinzugeben, dann das Hack/Faschierte hinzugeben und auch kurz anrösten, Rosinen und Gewürze dazugeben. Alles abkühlen lassen, die Petersilie klein hacken und zusammen mit dem Ei dem halb weich gekochten und abgekühlten Reis dazumengen. Die Masse dann auf die flachen Krautblätter geben und einrollen, eventuell mit Garn oder Zahnstochern fixieren.

Wahrzeichen für Sommerfrische-Freiheit: Meerjungfrau am Kvarnergolf

Eine Kasserolle mit Sauerkraut auslegen, die als Unterlage für die Rouladen dient, und dann zusammen 30 bis 40 Minuten bei kleiner Flamme köchelnd dünsten. Mehl und Schmalz in einem Topf bei Hitze verrühren, mit Rinderfond aufgießen, Tomaten-/Paradeismark dazugeben, bis eine sämige Sauce enstanden ist, sowie eine klein gehackte Pfefferschote. Mit einer Prise Salz und Zucker abschmecken und mit einem Klacks Sauerrahm servieren.

Adressen-Auswahl

Von Juni bis August bietet das **Rabać Open Air Festival** Konzerte, Street Performances, Kabarett und Schauspiel überall im Küstenort.

Wer die **Altstadt von Labin** im Rahmen einer nächtlichen Führung erkundet, erfährt Interessantes zu ihrer Geschichte. Details und viele weitere Veranstaltungen finden sich auf der informativen Website des Tourismusverbandes von Rabać und Labin.
www.Rabać-labin.com

Rabać Open Air Festival mit Special Events, Street Performance, Film, Theater und natürlich Musik, Jazz.
www.Rabaćopenair.com

Sveta Marina/Rabać: ruhige Bucht – noch ruhigerer Strand, der ideale Ort zum Relaxen. Der ca. 300 m lange Kieselstrand bietet alles und nichts, nämlich den entspannten Blick auf Fischerboote und idyllische Häuschen, einen kleinen Bootsverleih und einen Eisstand sowie Natur und Meeresrauschen.
www.beach-inspector.com

GIRANDELLA ist das Zauberwort für Ferien in Rabać an der Ostküste Istriens. Flacher Meerzugang, Karibik-Feeling, Wasserspielplätze und getrennte Areale für Familien und „adults only".

Olivenöl: Belić – Olea B.B.
52221 Rabać, Creska 34, Tel.: +385 98 90 92 523
www.oleabb.hr

Villa Annette: elegantes Restaurant, idyllischer Gastgarten.
52221 Rabać, Raška 24, Tel.: +385 52 88 42 22
www.villa-annette.com

Das wohl beste Fischrestaurant seit 1998 heißt **Johnson** und befindet sich in Mošćenička Draga auf dem Weg nach Opatija. Für jeden Meeresfrüchte-Liebhaber liegt hier ein kleines, schlichtes Paradies verborgen. In einer Kurve der Küstenstraße auf Höhe des Ortes führt eine kurze Stichstraße zu dem bescheidenen Haus. Im warmen, rustikalen Inneren überraschen die Mitglieder der Familie Jurdana mit herzerwärmender Freundlichkeit und kredenzen Fischgerichte in feinster Form. Dragan bringt als Meeresenthusiast den Fang von seinen Touren mit, zeigt sie dem Gast gern stolz auf dem Silbertablett, Küchenchef Ivan Jadreškić bereitet die Wahl dann köstlich zu und setzt die anderen auf die Karte.
Majčevo 29 b, 51417 Mošćenička Draga, Tel.: +385 51 737 578
www.johnson.hr

Hotel Villa Astra
Ul. Viktora cara Emina 11, 51415, Lovran
Tel.: +385 51 294 400
www.hotelvillaastra.com

Im Gastgarten der **Villa Ariston** bei Opatija, Mitglied der Jeunes Restaurateurs. Robert Benzina, Küchenchef im À-la-carte-Restaurant, beim jährlichen Touristiker-Treffen Kroatiens zum besten Restaurant des Landes gewählt.
51410, Opatija, Ul. Maršala Tita 179
Tel.: +385 51 271 379
www.villa-ariston.hr

Traumhaft kann die Atmosphäre an der Riviera sein: Kaiserzeit-Romantik und mediterraner Lifestyle bei Sommerwetter, das hier oft lange stabil bleibt. Das kulinarische Angebot rundet die Stimmung ab. Ebenso aussichtsreich wie der Blick auf die Bucht und ihre Inseln ist die Auswahl an Lokalen. Das, was man sich erwartet, ist sicher der Blick auf die maritimen Gefilde, das Meer, die fernen Inseln, die im Abendlicht leuchtenden Küstengebirge oder die glitzernde Stadt Rijeka. Alle Lokale am Lungomare bieten das, auf der großen Terrasse des alten, aber eben renovierten **Hotel Kvarner** sitzen die Gäste gepflegt unter weißen Sonnenschirmen bei jazzigen Melodien einer kleinen Big Band.
Ul. Pava Tomašića 2, 51410 Opatija
Tel.: +385 51 710 444
www.remisens.com/de/hotel-kvarner

Im hochmodernen **Bevanda** am Ufer der Halbinsel des Angiolina-Parks schaut man beim Menü auf das volle Seepanorama von der gegenüberliegenden Hafenstadt, man sieht gerade noch die Brücke nach Krk und bis nach Cres im Westen. Wer sich mehr für eine Live-Übertragung von Großereignissen interessiert, findet Gelegenheit auf der Bar-Terrasse in bequemem Ambiente diese kinogleich vor einem XLarge großen Bildschirm zu erleben. Auf der Pool-Ebene über der Felsenküste wird auch direkt an die komfortablen Liegen serviert, und weil diese Freizeitoase es an nichts fehlen lassen will,

Auf der Rijeka-Straße im Kvarner Golf müht sich der Fischer um den Scampi-Fang.

öffnet sie sich bis zum Parkzugang, bietet ebenso alle Möglichkeiten für ungestörten Genuss.
51410, Opatija, Zert ulica 8, Tel.: +385 51 493 888
www.bevanda.hr

Plavi Podrum, „Blauer Keller“, im Hafen von Volosko, befindet sich direkt vor den Booten und wird von Daniela Kramarić seit 1997 auf Kurs zur Weltspitze geführt.
Obala Frana Supila 6, 51410 Opatija, Tel.: +385 51 701 223
www.plavipodrum.com

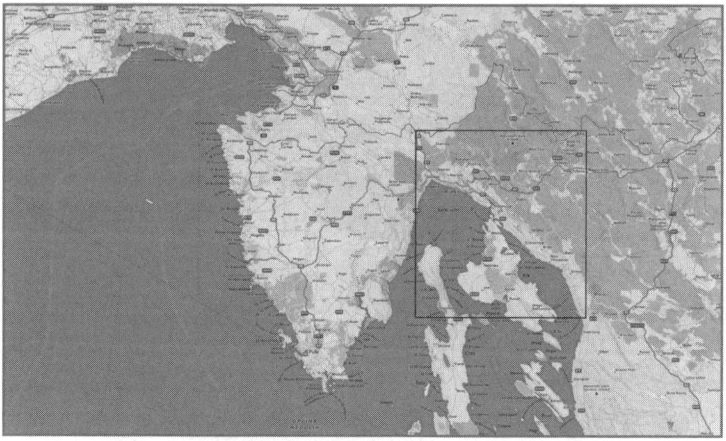

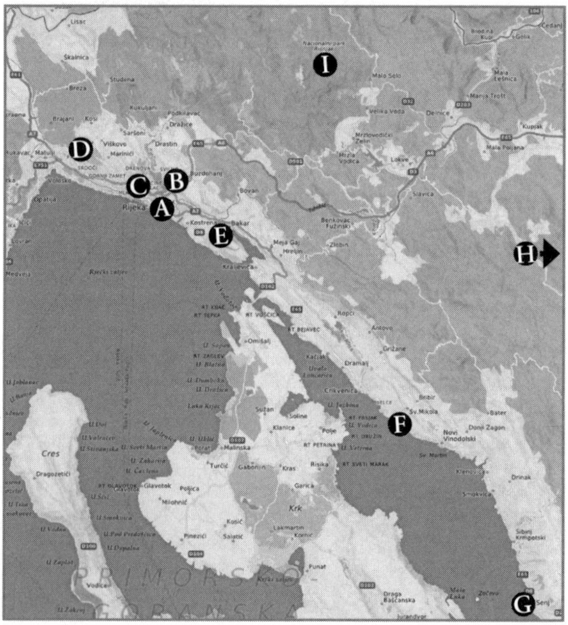

A Fischmarkt Rijeka
B Liburner-Burg Tršat
C Palast, Park und Kathedrale
D Kukuriku im Dorf der Narren
E Bakar – Seefahrerhochburg
F Riviera der Ungarn: Vinodol
G Senj am Pass der Bora
H Ausflug zu den Plitvitzer Seen
I Naturfreundeparadies Riznjak-Park

04
Die tapfere Schwester Triests

Rijeka, Hauptstadt am Kvarner-Golf

Fährt man aus dem letzten Tunnel auf der Autobahn (A7), die von Slowenien aus Richtung Triest kommt, hinaus, dann kann man das Meer beinahe riechen und kurz danach auch sehen – und schon ist man da, an der Küste des Kvarner. Rechts am Meeresstreifen türmt sich grün das Učka-Gebirge, fällt steil ins Wasser ab. Doch die Asphaltpiste führt uns an den hellen, schmucklosen Hochhäusern im sozialistischen Einheitslook vorbei. Ach herrje, wie passt denn das zusammen? Gut, Monaco schaut von Weitem nicht unähnlich aus, und wenn man bedenkt, dass Jugoslawien als Volksrepublik versucht hat, allen Menschen einen etwa gleichen Wohnstandard zu bieten, dann fängt man an zu verstehen – der Werftarbeiter sollte in seiner Freizeit auch das Meer zur Erholung wahrnehmen, vom Balkon im 6. Stock aus zum Beispiel, und nicht immer nur beim Blick aufs Wasser bei der Arbeit. Wenn man näher kommt und die überdimensionierte Werbetafel für Mineralwasser auf der Fassade mit dem Namen von Janica Kostelić sieht, dann hat man schon beinahe vergessen, dass diese Bauten aus den 1970er-Jahren längst renoviert oder abgerissen gehören. Sie sind keine Werbung für die historisch gebeutelte Stadt, die sehr um ihr Image als Schwester Triests kämpft. Nein, so traurig das sein

Eine der Werften Rijekas: die vom 3. Mai in der Bucht Luca Martinšćica

mag, aber beim Näherkommen lösen sich fast alle Assoziationen von Monaco in der Luft auf.

Es wird also Zeit, eine Ausfahrt zu nehmen und in das sonnigere (nur 86 Regentage im Jahr) Pendant zu Italien hinabzugleiten. Bevor man ein Urteil fällt, sollte man sich erst mal bis fast zum Wasserspiegel hinabbegeben und im Hafen einen Parkplatz finden. Der Name der Stadt hat eine besondere Bedeutung, nämlich Fluss: Rijeka. Rječina (kroatisch), Reka (slowenisch), Fiume (italienisch) und St. Veitsstrom (altdeutsch) sind die Bezeichnungen, die auch auf dem Weg hierher an den Straßenschildern hin und wieder aufscheinen, also nicht immer unbedingt zweisprachig, darum sei das hier noch einmal genannt.

Ab 1719 hat Karl IV. Triest und Rijeka zu Überseehäfen erklärt und ausbauen lassen. Die historisierte Fassadenfront gegenüber dem Hafenbecken stammt aus der großen Reederzeit der Donaumonarchie. In diesem Fall des ungarischen Teils, da 1867 ein Autonomievertrag dem Budapester Königreich die Ostküste, von Rijeka bis nach Senj im Süden, überließ, denn Österreich war mit Pula und Triest als Häfen sowie mit der Ostküste Istriens für den Tourismus gesegnet.

Triest und Rijeka hatten bereits früh mit Werften in den Schiffsbedarf investiert, besonders ab 1905 für die Kriegsmarine.

Heute haben beide Staaten, seit 2000 Österreich und 2001 Ungarn, wieder eigene Freihäfen, um über den kurzen Landweg für Im- und Export von Stückgut mit dem Mittleren Osten günstig abwickeln zu können.

Die Archäologie hat Funde aus der Frühsteinzeit freigelegt, die beweisen, dass Kelten bereits ab der Bronzezeit hier in einer kleinen Hafenbucht festgemacht haben. Der illyrische Stamm der Liburner ging danach schon selbstbewusst zum Schiffs- und Hafenbau über und rückte dadurch der bewaldeten Landschaft hinter der Stadt nachhaltig zu Leibe. Der Baumbewuchs auf den Hängen des Gorski-kotar-Gebirges war so dicht und bestand vor allem aus Buchen und Eichen, sodass es in Folge der Abholzungen zur Erosion kam und die Gegend zügig verkarstete. Bis heute sind viele Teile immer noch zu dünn bewachsen, meist nur mit niedriger Macchie.

Der Blick über den Hafen lässt erahnen, dass man sich bemüht, im Wettlauf der modernen Schifffahrt nicht unterzugehen. Die Fährschiff-Reederei Jadrolinia (Adrialinie) mit ihrer weißen Flotte und dem blauen Band hat hier ihren

Rijeka, der wichtigste Hafen Kroatiens

Heimathafen und bedient sämtliche Verbindungen auf die Inseln in der Kvarner-Bucht und entlang der gesamten kroatischen Küste. Rijeka ist der größte Hafen des Landes mit geschichtsträchtiger Vergangenheit. Aufgrund der vielen hölzernen Schiffe prägte die Nachfrage nach Baumaterial noch sehr lange die Landschaft. Seit der Industrialisierung im 19. Jahrhundert ging die Zahl der Werften für Holzschiffe immer weiter zurück, erst auf zwölf und schließlich auf drei. Die verwaisten Werftflächen nutzte man dann für Liege- und Verladekais, um so das Hafenbecken zu vergrößern sowie um Frachtlager einzurichten.

Durch neue geopolitische Spielchen kam der Rijeka-Hafen immer wieder in falsche Fahrwasser. Seit der EU-Mitgliedschaft versuchen Handel und Werften, mit der slowenischen Konkurrenz wieder mitzuhalten. Die etwas außerhalb Rijkas liegende große Werft 3. Maj, seinerzeit der Stolz Jugoslawiens mit bis zu 2500 Mitarbeitern, ist zurzeit nur mit Reparatur- und Umbauarbeiten an Handels- und Kreuzfahrtschiffen betraut und noch chronisch unterbeschäftigt. Als die „Sea Cloud“, ein historischer Luxuswindjammer, Rahsegler mit fünf Masten, dort in den letzten Jahren aufgerüstet wurde, war das ein selten gewordenes Highlight. Die Ost- und Mitteleuropawirtschaft bleibt im Augenblick die Chance zum Erhalt der Struktur und die Hoffnung auf eine neue glücklichere Wende für die Menschen in der Branche. Als Handels- und Fährhafen floriert Rijeka jedenfalls wieder. Auch als größter Einfuhrhafen für fossile Brennstoffe, der etwas weiter südlich auf einer Halbinsel der Bakar-Bucht zahlreiche riesige Öl- und Gastanks beherbergt, wird der Statur quo erhalten. In dem Zusammenhang sei die Demontage einer gewaltigen Kokerei aus Umweltschutzgründen besonders hervorzuheben.

Wer die besondere Stimmung mag, die ein Hafen mit sich bringt, dieses Gemisch aus Industrie und sozialen Einrichtungen für allerlei ganz natürliche menschliche Bedürfnisse, wie etwa Kneipen, kleine Esslokale und Bordelle, vermengt mit dem Geruch von Salzwasser, Öl und Rauch, der ist hier richtig.

In Sichtweite von Kais, Schiffen und von prächtigen alten Kontorhäusern liegt das staatliche Nationaltheater (Narodno Kazalište, „Ivan Zajc"), das 1882–1885 von den k. u. k. Architekten Fellner & Helmer gebaut wurde. Diese hatten von Hamburg bis Wien, von Lemberg bis hierher ihre Bühnenhäuser gebaut, Beispiele kaiserlich-kultureller Unterhaltungswunder.

Unscheinbarer liegt dort in der Nachbarschaft auch eine Halle voller Meereswunder: der Fischmarkt. Frischer Fisch riecht nicht, doch man kann ihn hören! Zum Beispiel dann, wenn die Verkäufer die Qualität ihrer Ware lauthals anpreisen. Plötzlich steht man in dieser profanen Kathedrale. Wer am Eingang des Backsteinbaus der Jugendstilzeit an den schlichten Sandsteinsäulen hinaufschaut, wird schmunzelnd die sich lust- und schmuckvoll windenden Meerestiere als lebendig wirkende Reliefs der Kapitelle wahrnehmen. Die Gassen um das Gebäude sowie am Platz, an dem auch das Nationaltheater liegt, sind durch Sonnenschirme, Faltdächer und Markisen der Obst-, Gemüse- und vieler anderer Händlerstände ein Labyrinth. Man muss sich durch die Menschenmassen drängen, wenn man den Vormittag für seinen Einkauf nutzen will. Nur so erreicht man auch das Angebot der unglaublichen Artenvielfalt von Fischen und Meerestieren.

Da kann man riesige Thun- und Schwertfische, Skulpturen gleich, mit ihrer silbrig grauen Haut schillern sehen. Stachlige Drachen- und Feuerfische bilden Mikado-artige Aufbauten. Rot, blau und gelb leuchten Barben und Barsche, Krabben und Scampi in allen Größen, grün-graue Hummer, deren Scheren mit Gummibändern gezähmt sind, suchen mit ihren Stielaugen nach Hilfe. Weit ausgreifend verhaken sich die gepanzerten Beine der Meeresspinnen mit denen der Artgenossen und wundern sich vermutlich über so viel Licht. Die Kalmare und Tintenfische sowie die Sepia spendenden Pulpos sind bei der

Wunderhalle der Meereswesen: Fischmarkt Rijeka

schieren Masse kaum auseinanderzuhalten. Silberglänzende Barrakudas und Makrelen mit blauen Linien liegen nebeneinander wie edle Bestecke von Christofle. Flach wie große Blätter finden sich Steinbutt, Flundern und Seezungen leicht schielend mit ihrer Lage ab, während dicke Seeaale (Ugur) grimmig schauen und ihre Zähne wie Muränen zeigen, und, und, und … Es ist eine Pracht, diese wundersamen Wesen anzuschauen, die meist elegant, aber oft genug auch seltsam unheimlich wirken. Dieses Nebeneinander sieht fast museal aus, weil man ins Staunen kommen kann, hat man das Leerfischen und Artensterben vor Augen. Diese Fische sind nicht tiefgefroren, sie sind aus dem Meer nebenan, aus der Adria!

Hier kann jeder Liebhaber des Besonderen die Zutaten für Ausnahmerezepte leicht erwerben und sich und seinen Gästen einen lang gehegten Wunsch erfüllen. Auch bei Beachtung der Fischfibel, die als Hilfe zur Umweltverträglichkeit dient, findet sich etwas Gutes, ohne ein schlechtes Gewissen haben zu müssen. Allen Veganern und Vegetariern sei versichert, dass man um den Fischmarkt herum ebenso über die Vielzahl dargebotener Früchte und Gemüsesorten ins Schwärmen geraten kann.

Manch altes Gebäude erzählt von einer anderen architektonischen Epoche, grüßt uns heute mit dem Charme vergangener Zeiten und bereichert immer noch die coole, bunte Mode- und Werbewelt mit seiner warmen Atmosphäre. Parallel zur Hafenpromenade gibt es zwei Straßen, eine davon ist Fußgängerzone, auf der es am Rathaus vorbeigeht. Dieses Rathaus kann man dank seines Turms aus der Habsburgerzeit mit Doppeladler-Wappen nicht übersehen. Die letzten Jahre, die nicht leicht waren, haben die einzelnen Volksgruppen zur Findung einer eigenen nationalen Identität gedrängt. Kroatien startete einen demokratischen Versuch als Republik unter Franjo Tuđman. In vielen Belangen wurde es pragmatischer, eine erste Vorraussetzung, um eigenständig wieder mit anderen Länder zu kooperieren.

Machen wir einen gedanklichen Sprung zum heutigen Naturwissenschaftlichen Museum für Archäologie, das auch das Staatsarchiv beherbergt. Der alte Palast, in den sich Erzherzog Joseph, der sich, als leidenschaftlicher Botaniker nach einem Streit mit seinem kaiserlichen Bruder, hierher an den Hang

Geschichtsbeladener Gouverneurspalast in der Oberstadt Rijekas

nördlich der Altstadt zurückgezogen hatte, ist ein imposanter Bau. Der Garten, der nach dem kroatischen Dichter Vladimir Nazor (1876–1949) benannte Park, liegt an der „Straße der Opfer des Faschismus"" (Ulica Žrtava fašizma). Der im neoklassizistischen Villenstil erbaute ungarische Statthalterpalast in westlicher Nachbarschaft thront prunkvoll zweigeschossig mit hohen Fensterreihen und zentraler Loggia über einer großen Freitreppe, die in den Garten zum Eingangstor führt, und enthält heute historische sowie Marine- und bemerkenswerte archäologische, ethnografische und kunsthistorische Sammlungen nebst einer besonders interessanten Schifffahrts-Abteilung. Das Stadtmuseum befindet sich noch ein Haus weiter.

Neben dem Rathaus brauchte Rijeka auch zu Zeiten der Ungarn und Italiener, damals „Fiume", einen Gouverneurssitz. Der hochbegabte, skurrile, romantische Poet Gabriele D'Annunzio, der ein privates Anwesen am Gardasee besaß, behauptete sich politisch äußerst aktiv gegen seinen rechtsfaschistischen Rivalen Mussolini, dessen Mentor er ursprünglich war und gleich in seiner Nachbarschaft in Saló ein Politbüro hatte. Mithilfe von sieben eigenen Doppeldecker-Flugzeugen hatte D'Annunzio über Wien kurz vor Ende des Ersten Weltkriegs Propaganda-Flugblätter abgeworfen, um für den Anschluss an Italien zu werben. Auf dem Wasser hat er selbst nach Kriegsende mit eigenen Booten, ja einem Schlachtschiff sogar, das seit seinem Tod als Teil seiner musealen Villa bei Gardone Riviera am Gardasee-Uferhang steht und besucht werden kann, um seine Vorstellungen eines „freien" Italien gekämpft. 1919 hat er die Stadt Fiume eigenmächtig besetzt. Er rief dort die Republik Fiume aus, machte sich diese Villa zum Gouverneurspalast, residierte dort und regierte seinen Staat eineinhalb Jahre lang souverän. Die Friedensverträge von Rapallo 1922 machten diesem Freistaat dann ein jähes Ende, als er Italien zugeschlagen wurde. Die Rječina, der 17 Kilometer lange Fluss der Stadt, wurde damals die neue Grenze zu Kroatien

Altstadtgasse nahe der Kathedrale

und Rijeka/Fiume damit zweigeteilt. Jeder Hälfte fehlte nun etwas Essenzielles: Kroatien musste sich einen neuen Hafen im Vorort Sušak bauen und das italienische Fiume hatte kein Hinterland mehr für Industrie zur Verfügung. Erst nach den schrecklichen Ereignissen im Zweiten Weltkrieg und der Neuordnung im vereinten Jugoslawien konnte sich Rijeka erholen und wieder zum größten Hafen der kroatischen Adriaküste werden. Die Hafenstadt war immer ein sogenannter Melting Pott, wo Leute aus aller Welt zusammenkamen, wobei allerdings die römisch-katholischen Kroaten immer in der Mehrheit blieben.

Wenn man den Blick noch einmal weiter zurückschweifen lässt, dann fügen sich die Puzzleteile zu einem verständlichen Bild zusammen. Die liburnische Gründung der Festung Trsat wurde 60 v. Chr. noch von den Römern über der Flussmündung weiter ausgebaut, um den Militärstützpunkt Tarsatica zum Schutz für die Verbindung zwischen Aquilieia in Friaul bis hin zur ältesten Stadt Kroatiens am Velebit-Gebirge Senj zu garantieren. Im 13. Jahrhundert kam die kleine Siedlung um die Kirche St. Veit, die auch den deutschen Namen der Stadt begründete, unter die Regentschaft der Grafen von Duino, der Familie von Thurn und Taxis. 200 Jahre später, 1468 erst, wurde die angeschlossene Stadt Teil der Donaumonarchie, um nach der internen Klärung der Autonomieverhältnisse genau 400 Jahre später unter ungarische Führung zu geraten. Eine kroatische Stadt, mit vorwiegend italienischen Einwohnern, wurde 1868 der Seehafen des Binnenlandes Ungarn. Auch so ein Kuriosum der Geschichte.

Von der Riva, der breiten Straße entlang der Gründerzeit-Prunkbauten am Stadthafen, hat man den Blick in die Anlegebecken und -molen für die großen Fähr- und Frachtschiffe, auf die Schlepper und ein schönes, weißes Hotelschiff, das dort seit ein paar Jahren seinen Dauerliegeplatz hat. Im Westen beginnt dieser Hafenboulevard am regionalen und internationalen Bus-Terminal, dem Trg Žabica (auf Deutsch: Fröschleinplatz), von dem aus auch die lange Stiege zur neugotischen Kapuzinerkirche beginnt, die sich zum Eingangssockel am Berghang erhebt. Maria Lourdes, erbaut 1904 bis 1929, ist eine der Pilgerstätten für gläubige Katholiken. Etwas weiter westlich liegt an der verkehrsreichen Krešimirova ulica der alte Hauptbahnhof.

Hafenbistro nahe der Riva, das Bierlokal Stella Artois

Die eigentliche Innenstadt mit ihren inzwischen behutsam renovierten historischen Bauten und einigen Jugendstilhäusern beginnt direkt hinter der Riva um den Jadranski trg (Adria-Platz) herum. Die Reiseagentur „Kvarner Express“ hat dort ihren Sitz in einem Hochhaus und die Fußgängerzone dehnt sich mit ihren Geschäftslokalen, zahlreichen Cafés und Speiselokalen weit am Korzo in den Osten aus. Mittendrin liegt der im 15. Jahrhundert erbaute, damals noch am Meer stehende und im 18. Jahrhundert renovierte Stadtturm (Gradski toranj u Rijeci) und zeugt mit seiner Kuppel sowie durch die Insignien Leopolds I. und Karls VI. samt Doppeladler von seinen Gründervätern. Auf den einstigen Hauptplatz Trg Ivana Koblera, die ehemalige Piazza, gelangt man auch heute noch durch dieses Tor und steht damit dem jetzigen Rathaus gegenüber. Es stammt aus dem 16. Jahrhundert, wurde aber später renoviert. Aus römischer Zeit stammt das weit ältere Stadttor, das Stara vrata, in einer engen Gasse. Ab hier beginnt die eigentliche Altstadt, die nach den Zerstörungen durch die Weltkriege wiederhergestellt wurde und heute zu einer ruhigen Pause in einem Lokal während einer Shopping-Tour einlädt.

Auf der Suche nach der namengebenden Kirche Rijekas, zumindest im Deutschen (St. Veit am Flusse), Sveti Vid, die in der Barockzeit zwischen 1638 und 1742 erbaut wurde und zur Kathedrale avancierte, passiert man vom Koblera-Platz aus die inzwischen älteste Kirche der Stadt, Mariä Himmelfahrt (Uznesenja Marije). Sie stammt aus dem 13. Jahrhundert, wurde dreischiffig auf römischen Ruinen einer Therme erbaut und vor 300 Jahren auch barockisiert. Der Campanile daneben hält sich tapfer als schiefer Turm von Rijeka. Nach dem Verlassen des Wegs durch die Užarska ulica gelangt man zum Nordrand der Altstadt, wo man unübersehbar den Sitz des Bischofs des Bistums Rijeka-Senj erreicht. Gepilgert wird seit 1531 auch über die vom Uskoken-Kapitän Petar Kružić gestiftete Treppe hinauf zur Kirche Sveta Marija Lauretanske (diese wurde bereits 1433 vom Franko-

Rundbauschiff der Kathedrale

panengrafen Martin gestiftet), nicht nur von Gläubigen auf Knien, wie früher zu Ostern, sondern auch von sportlichen Touristen. Papst Johanes Paul II. dürfte bei seinem Besuch im Juni 2003 statt der 561 Stufen die Strecke per Automobil überwunden haben, denn über eine sich von Sušak schlängelnde Straße kann der 135 Meter hohe Gipfel mit der krönenden Festung Trsat per Bus erreicht werden. Die Kirche, die ihren Namen vom italienischen Loreto hat, da das ihr angeblich 1291, als die Kreuzritter Jerusalem den Muslimen überlassen mussten, von Engeln zugetragenes erstes Haus der Maria aus Nazareth war, aber auch weil sie drei Jahre später weiter nach Mittelitalien entführt wurde. Den Verlust dieser Reliquie hatte Papst Urban V. mit einem Werk des heiligen Lukas, einem wundersamen Marienbild, entschädigt, das eben heute hier weiter verehrt wird. Die Votivkapelle zeigt eine Sammlung rührender Dankesgaben der geretteten Schiffbrüchigen und Seeleute aus der Region. Was jedem Besucher allemal bleibt, ist der herrliche Blick aus den Höhen des umliegenden Stadtparks auf die Inselwelt im gleißenden Golf.

Nicht jeder kommt wegen all der versteckten Kleinode in Museen und engen Gassen nach Rijeka, sondern manche auch öffentlicher Altertümer und architektonischer Besonderheiten wegen, wie dem Mondello-Palais und etlicher anderer Bauwerke an der Riva. Man kann ebenso einfach unter einem Sonnenschirm mit einem Drink die Hafenatmosphäre, die Seeluft und die interessanten Menschen genießen, die sich großstadtartig durch Licht und Schatten bewegen oder sich charmant zu einem Gespräch verführen lassen. Die oft fälschlich als verschlossen bezeichneten Kroaten sind sehr unterhaltsam, wenn man den Mut hat, Sprachhemmnisse zu überwinden, wobei einem die Kroaten oft ganz von selbst mit ihren Fremdsprachenkenntnissen entgegenkommen. Die Abende und Nächte werden dem sprichwörtlichen Leben einer mediterranen Hafenstadt gerecht. Und eine ganz besondere Zeit, deren Tradition bis weit vor das Christentum zurückreicht, feiert hier ebenfalls im Wettstreit mit dem berühmten Vorbild an der Adria fröhliche Urständ: Karneval. Die kostümierten Menschen lassen einen das kühlere Wetter im Februar und März

Stimmung bei jedem Wetter: Karneval in der Hafenstadt

fantasievoll und ausgelassen bei einem großem Korso durch Hafen und Altstadt vergessen.

Heiß und farbenfroh werden Regenwolken und Griesgrame ignoriert. Trommler und Bläser bestimmen den Gang des Alltags. Am Aschermittwoch aber ist der Rausch wieder vorbei und alles, was bleibt, ist ein kleiner Kater. Die alten Bräuche aus nördlichen Gefilden, besonders die des Alpenraums mit seinen Perchten-Masken, wilden Gewändern und riesigen Kuhglocken, die die bösen Geister des Winters austreiben, haben hier vor allem die Einwohner des kleinen Städtchens Kastav, einige Kilometer nordwestlich am Rande Rijekas, beibehalten. Ein Besuch zur Karnevalszeit bei den ursprünglichen Viehzüchtern lohnt schon deshalb, weil die Halubajski, die Glöckner und Schellenmänner, sich der Ursprünge ihrer Masken immer noch besinnen und als Stiere, Wildschweine, Wölfe oder Bären aufscheinen. Wild wird um die Zisterne im Ortszentrum getanzt, die 1666, als der Brunnen die Leiche des Stadtvogts Franz Morelli barg, als Kriminalfall nie gelöst werden konnte, weil alle 378 Einwohner solidarisch blieben im Kampf gegen diesen Steuerwucherer. Eine Einigkeit, die selten solch lange Konsequenz behauptete. Noch in den Jahren 2011 bis 2015 hat man in dem feinsten Gourmettempel „Kukuriku“ diese wohl wieder zu beleben versucht und eine eigene Partei aus Sozialdemokraten, Liberalen und Rentnern gegründet, die viel Aufmerksamkeit auf sich zog.

MANESTRA

Zutaten:

300 g getrocknete Kidneybohnen
1 (ca. 350 g) kleiner Pršutknochen
1 Bund Petersilie
100 g grüner Speck
4 Knoblauchzehen
125 g Staudensellerie
500 g Kartoffeln
1 Dose (212 ml) Gemüsemais
3–4 EL Olivenöl
1–1 1/2 EL Instant-Gemüsebrühe
Salz und Pfeffer

Zubereitung.

Die Bohnen zuvor über Nacht in 1 Liter Wasser einweichen. Den Knochen waschen und in einen Topf mit 1 1/2 Liter Wasser geben, aufkochen und etwa eine Viertelstunde köcheln lassen. Inzwischen die Petersilie waschen, gut trocken schütteln und fein hacken. Den Speck fein würfeln. Den Knoblauch schälen und dann gleichfalls fein hacken. Alles zusammen, Knoblauch, Speck und Petersilie, zu einer Paste vermischen. Die Bohnen mit dem Einweichwasser und der Paste (bis auf 1 EL) zum Knochen geben, aufkochen und anschließend gut 1 1/2 bis 1 3/4 Stunden kochen lassen. Inzwischen den Sellerie waschen und fein würfeln, das Gleiche mit den Kartoffeln tun. Den Mais in einem Sieb gut abtropfen lassen. Kartoffeln, Sellerie und Öl etwa eine Viertelstunde vor Ende der Garzeit hinzufügen, dann erneut aufkochen. Jetzt die Instantbrühe unterrühren und alles zu Ende garen. Schließlich den Knochen aus der Suppe entfernen, das Fleisch vom Knochen lösen und in dünne Stücke schneiden. Fleisch und Mais zur Suppe geben und mit Salz und Pfeffer abschmecken. Zum Schluss mit der Paste zusammen anrichten. Fertig!

An der Küste des Primorje: Novi Vinodolski

Je nach Jahreszeit bieten sich Ausflüge in die Umgebung von Rijeka an, wo man nach Osten hin die Berge im Risnjak-Nationalpark, nach Süden die Küste von Novi Vinodolski und weiter landeinwärts nach Südosten die Plitvicer Seen hat. Diese wilden Gegenden, verwegenen Kulturlandschaften, die auf sehr engem Raum unterschiedlichste geografische Kontraste miteinander vereinen, können fast das ganze Jahr über als Ausflugsziele angesteuert werden, und es ist sicher für jedes Familienmitglied etwas dabei.

Im Küstengebiet war es Ungarn, das die letzten Akzente vor der jugoslawischen Staatsbildung für lange Zeit gesetzt hat. Von Rijeka führt die Adria-Magistrale 400 Kilometer bis Split und weiter noch bis Dubrovnik, sie ist als eine der schönsten Straßen Europas bekannt und lohnt schon die Fahrt innerhalb des Kvarner bis Senj (Zengg), auch um zur Insel Rab zu kommen, entlang des mächtigen Velebit-Gebirges bis Jablanac zur Fähranlegestelle. Die Tour auf der romantischen Strecke beschwingt, weil man dem Rhythmus der aus Karstfelsen und Meerwasser geformten Uferlinie folgt. Deren Straßenbau war ein aufwendiges Meisterstück. Inzwischen gibt es die moderne Autobahn im Inneren des Landes, die mit dem weiten Süden unfallärmer verbindet. So ist diese Küstenstraße deutlich entlastet und bringt den Reisegenuss von einst zurück. Die gesamte Fahrzeit, wenn man keinen Stopp einlegen würde, dauert kaum länger als eine Stunde. Eine Rast und Zwischenaufenthalte einzulegen, ist aber empfehlenswert, weil das besondere Reiseerlebnis in den wechselnden Aussichten auf die Inselwelt der Adria liegt. Dieser Teil der ganzen Region wurde besonders stark durch die Bora aus dem nordöstlichen Inland geprägt. So unbändig und kaltblütig wie sie kommt kaum ein Wind daher, der so heftig über diese Ausläufer des Velebit weht. Der Pass Vratnik bei Senj, der schon immer die Verbindung zwischen Inland und Küste war, verleiht damit diesen Respekt einflößenden Bergen etwas Luftiges. An dieser geografischen Stelle hat sich viel Geschichte abgespielt, durch das natürliche Tor kamen seinerzeit auch die Flüchtlinge, die als Uskoken in Senj ihr neues Zuhause fanden. Sie flohen vor den fortschreitenden Osmanen, die erst 1698 vor Wien aufgaben. Die Festung Nehaj, die noch heute als stummes, trotziges Zeugnis auf kleiner Anhöhe vor der Stadt am Meer alle

Wächterburg Nehaj bei Senj an der südlichen Grenze Österreich-Ungarns

Bewegungen zu kontrollieren scheint, bauten sie mit den verbündeten Grafen der Frankopanen, die die Gegend als ungarische Lehen verwalteten und als Seefahrer verteidigten, um von der Inselwelt und dem Küstenland selbst friedlich zu profitieren. Ihre Macht überschätzten sie erst später, weshalb ihnen die K.-u.-k.-Hoheit dann ein jähes Ende bereitete.

Bei dieser Burg muss man sich also heute noch entscheiden, welchen Weg man einschlagen will. Wenn es nicht zur Insel Rab, nach Zadar oder Split gehen soll, sondern man im Kvarner bleiben respektive in die Gespanschaft Karlovac schauen will, um einmal persönlich deren Schätze zu heben, dann biege man hier bergwärts ab und nehme die kurze, steile Passstraße durch die grüne Macchie.

Von Rijeka bis Senj hat man das Vinodol (Weintal), die Hänge entlang der spiegelnden See nach dem Durchfahren der Bucht von Bakar, die mit ihrer wie ein Nadelöhr anmutenden Öffnung bis mitten ins 20. Jahrhundert hinein von Einheimischen zu legendären Thunfischfängen genutzt wurde, passiert. Wegen ihrer schützenden Lage wurde die Bucht auch Liegeplatz für Kriegs- und Handelsschiffe und der kleine Ort Bakar eine Kadettenhochburg. Wieder waren es die Österreicher, die bereits eine hochkarätige Marineschule einrichteten, die noch heute existiert, allerdings in viel kleinerem Rahmen. Dieser Tage werden Seefahrerpatente für die zivile Küstenschifffahrt vergeben, Öltanker und wenige Frachter löschen hier ihre Ladung. Thunfischfangrechte werden nur mehr sehr limitiert an lizenzierte Fischer vergeben.

An manch steilem Hang können überwucherte, schmale Steinterrassen ausgemacht werden, deren Wert in letzter Zeit nach und nach von Ansässigen wieder erkannt wurde und die nun revitalisiert werden. Boden und Klima haben seit jeher für das Gedeihen der mediterranen Aushängeprodukte gesorgt: Wein und Oliven. Gewächse, die milde Wetter und menschliche Pflege brauchen, sind somit nicht nur vom Goodwill der

Natur, sondern auch von politischen Umständen und Marktverhältnissen abhängig und damit ebenso Moden unterworfen. Die Reblausplage, die Mitte des 19. Jahrhunderts aus Amerika nach Europa schwappte, wurde auch hier zur Katastrophe, vernichtete fast alle Weinstöcke, die seit der Römerzeit gepflegt wurden, sie löste Armut und Flucht aus. Nur langsam kam neuer Mut für neuen Weinbau auf, aber mit der Besinnung auf moderne Ansätze in der Landwirtschaft, der Chancen am Bio-Markt und die Werbung im Internet hat sich das Blatt gewendet und es geht seit Jahren wieder aufwärts an den Hängen für Rebstock und Ölbaum. Durch die massenhaft nach Amerika abgewanderten kroatischen Verwandten ist auch der Export allgemein gepriesener Tropfen gestiegen.

Nach der Totalauslöschung der prächristlichen Weinbautradition im Tal des Weins, im Novi Vinodolski, durch die Reblausplage, ist das Gebiet wieder im Aufwind, seit 1994 auch das der Familie Pavlomir, die etliche Sorten wie Chardonnay, Cabernet Sauvignon, Frankovka, Pinot Blanc, Muscat und vor allem den sonst nur auf der gegenüberliegenden Insel autochthonen Žlahtina sehr erfolgreich anbaut. Ein Tipp für eine exzellente Station zur Verkostung ist dieser Keller an der Sonnenseite der Kvarner-Bucht allemal.

So wild und schroff dieser Küstenabschnitt auch wirkt, er ist altes Kulturland, trotz der vielen Macchien wird die milde Seeluft durch den Duft der Kräuter, Gräser und Blumenblüten bereichert, mit Seeblick auf den Inselarchipel inklusive.

Diese Gegebenheiten haben auch die Ungarn überzeugt, es den Österreichern gleichzutun und die Meerzugänge bei Crikvenica und Novi Vinodolski als Strände zu nutzen und die Dörfer zu Kurorten auszubauen. Das Grand Hotel, so wie viele andere Hotels und Villen mit üppigen Gärten, zeugt von den Anfängen und der Blütezeit des Tourismus im Fin de Siècle. Die anhaltende Sehnsucht nach Freizeit am Meer erzeugte nach dem letzten Balkankrieg den Wunsch nach modernen

Auf einem Aussichtspunkt im Seengebiet von Plitvice

Ferienaufenthalten. Eine Schar von Ausflugsschiffen verschafft einem ebenfalls von hier aus Zugang zu den gegenüberliegenden Inseln, zu Tauchgründen weit draußen im Meer und für Rundfahrten zu Buchten und Kaps, die sonst schwer erreichbar waren. Ebenso beliebt sind mehrtägige Seewanderungen per Schiff, oft kombiniert mit Fahrradtouren.

Ist man der salzigen Luft überdrüssig und sucht eher Süßwasser, dann biegt man in Senj ab, denn schon bald liegt eine ganz andere Welt vor einem. Gut 60 Kilometern über die D23 und D52 durch weite, grüne Hügellandschaften fährt man und steht etwa eine Stunde später auf dem Parkplatz unter hohen Bäumen eines UNESCO-Naturerbes, zahlt seinen Eintritt, bekommt einen Lageplan und begibt sich neugierig auf Wanderschaft.

Feste Schuhe, Trinkwasser und ein leichter Regenschutz sind dringend empfehlenswert. Auf zwei unterschiedlichen Plateau-Niveaus schlängeln sich schmale Wege, auch Holzstege und Treppen durch das dichte Blattgrün einer außergewöhnlichen Seenlandschaft. Würde man nicht wissen, dass diese besondere Laune der Erdverwerfung des Karst eine Naturerscheinung ist, könnte man sie für ein Wunderwerk

Disneys halten. Nun – weder Micky Maus noch Daniel Düsentrieb und auch Old Shatterhand tauchen jetzt nicht auf, es wurde aber manch ein Karl-May-Film hier in den 1970er-Jahren gedreht. Es gibt auch keine Achterbahnen, allein die vielen Stege und Wege, die man durch Wald, über Felsen und durch Gewässer zu bewältigen hat, sind aufregend genug. Sechzehn türkisblaue Seen liegen auf verschiedenen Höhen, oft versteckt im Dickicht der Laubwälder, beieinander und versorgen sich gegenseitig mit frischem Wasser, das am Ende des Nationalparks nach Norden als Fluss Korana das Gebiet Plitwitz (Plitvic) verlässt und später bei Slunj den Literatur gewordenen Wasserfall erzeugt, den Heimito von Doderer im gleichnamigen Roman 1963 verewigt hat.

Jegliche Ablenkung von den ausschließlich natürlichen Geräuschen ist dort so gut wie unmöglich. Es sei denn, ein Flugzeug quert den Himmel oder man zählt menschliche Stimmen oder das leise Summen des Elektromotors vom einzigen Fährboot dazu. Dieses verbindet einen der Wanderwege mit einem der größeren Seen. Deren viele Grünfarben variieren zwischen

Wasserfälle im Nationalpark Plitvicer Seen

Blau und Gelb. Ohne eine Karte in der Hand könnte man sich leicht verlaufen, aber mit etwas Proviant wird die Lage nie aussichtslos, und man durchlebt auf jeden Fall ein unvergessliches, wasserrauschendes Abenteuer.

Nach dem Wechsel der kargen Küstenlandschaft in ein üppiges Grün muss man sich neu orientieren. Wo soll's jetzt hingehen? Eine weitere erstaunliche Seite der Primorje-Gegend wären auf dem Weg zurück nach Rijeka die Luchs-Berge des Nationalparks Risnjak. Nachdem man die Hügelketten der Großen und Kleinen Kapela verlässt, kommen westlich von der Kleinstadt Delnice neue in Sicht, die des Küstengebirges Gorski kotar. Seitdem es als Naturschutzgebiet menschliches Eingreifen fast gänzlich vereitelt, lockt es immer mehr Bewohner aus dem Umland sowie berghungrige Touristen hierher. Die Neugier auf diese seltene Katze wird durch den Namen auch gefördert. In der Hoffnung, ihr zu begegnen, kann einem allerdings sehr viel eher ein Bär vor die Nase geraten. Im Winter natürlich nicht, da schläft Meister Petz, den man heute wirklich schützt, nachdem er lange gejagt, abgezogen, manchmal auch verspeist wurde. Doch Schnee macht immerhin Spuren leichter lesbar – auch die vom Luchs. Bergsteigen, Wandern und Skilaufen sind die Aktivitäten, die sich hier anbieten.

Tierbeobachtungen sind ein spannender Nebeneffekt, wenn man die Stille geduldig zulassen kann. Sollte ein Fußweg in den tiefen Laubwald hinter dem Stausee von Lokve, vorbei am Dorf Homer zum Beispiel, zur versteckten, wagnerianisch anmutenden Quelle des kleinen Kamačnik-Flusses zu weit erscheinen, die Höhe von 1528 Metern zu erklimmen, zu anstrengend oder einem die Lust bei Regen vergehen, dann sind der Besuch des Frosch-Museums oder ein Spaziergang mit Helm und Lampe in die imposante Karsthöhle bei Lokve sicher gute Ausweichmöglichkeiten. Die unterirdischen Irrgärten aus Stalagmiten und Stalaktiten sind, über Treppchen und Stege, vorbei an dunklen Nischen und feuchten Spotlights, für

Tropfsteinhöhle von Lokvar im Karst, Nationalpark Riznjak

erstaunliche Einblicke in die geologischen Besonderheiten der ganzen nordöstlichen Region der Adria bekannt. Eine wunderbare Alternative – und der Niederschlag draußen kommt hier unten nur kanalisiert an.

Über die E65 oder die Landstraßen 3 und SC62 beim kleinen Bergort Fužine, wo man zünftig bei „Pero Cabro“ oder in der „Konoba Volta“ gegrillte Fleisch- und Süßwasserfischgerichte essen kann, nehmen die Wege schlängelnd die letzte Kuppe vor dem Meer. Es geht imposant hinunter und zurück in eine Caféhaus- oder Bar-Terrasse an der Riva bzw. am Korso von Rijeka.

Botel Marina
Nach 70 Jahren auf dem Meer wurde die Marina in ein Boot-Hotel umgebaut und liegt heute im Zentrum von Rijeka vor Anker.
Riva, 51000, Rijeka, Tel.: +385 51 410 162

Hotel Jadran
Šetalište XIII divizije 46, 51000, Rijeka, Tel.: +385 51 494 000

Restaurant und Hotel Kukuriku
Trg Lokvina 3, 51215, Kastav, Tel.: +385 51 691 519
www.kukuriku.hr

Das Hotel **Kvarner Palace** ist das, was der Name verspricht und als was es vor mehr als 100 Jahren von den Ungarn gebaut wurde: ein Palast. Seinem derzeitigen Besitzer aus Zell am See liegt es am Herzen, die Tradition und moderne Ansprüche so zu vereinen, dass es als Flaggschiff der Gegend in und um Crikvenica bekannt bleibt, mit Preisen fürs Doppelzimmer zwischen 95 bis 165 Euro je nach Saison, mit Meerblick und Balkon. Es scheint so, als hätte er es mit der Kalkulation geschafft.
Ul. Braće Dr. Sobol 1, 51260 Crikvenica, Tel.: +385 51 38 00 00
Fax +385 (0)51/38 00 38, hotel@kvarnerpalace.info
www.kvarnerpalace.info
www.holleis-hotels.com

Für die Reiseplanung im **Nationalpark Risnjak**:
www.adrialin.at

Weingut Pavlomir
Pavlomir 2, Novi Vinodolski, Tel.: +385 51 248 296, info@pavlomir.hr
www.pavlomir.hr

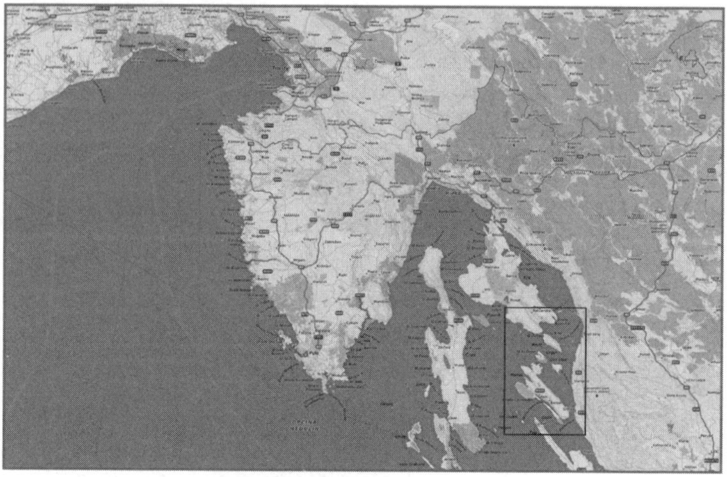

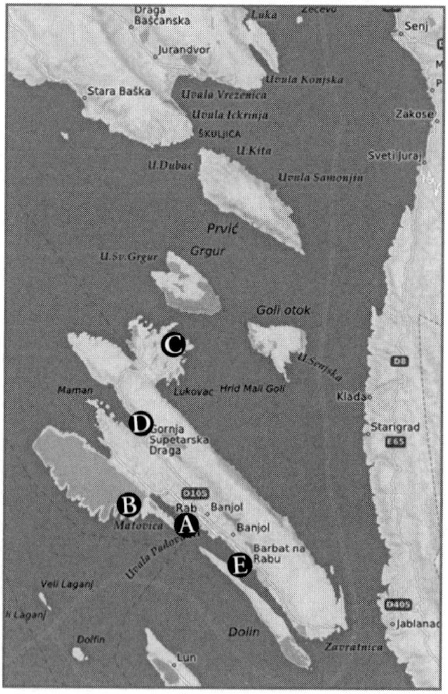

A *Stadt des heiligen Christophorus, Rab*
B *Halbinsel der Fußgänger: Dundo*
C *San Marino als Badeparadies*
D *Gründungswasser des FKKs*
E *Badekultur am Dolin-Kanal*

05 Ein Krebs als Insel

Das Mittelalterparadies Rab

Was Uskoken und Venezianer wohl noch nicht sehen konnten, bei aller Liebe und Hingabe an Rab, die mildeste aller Kvarner-Inseln, ist die Ähnlichkeit ihrer natürlichen Umrisse mit einem Krebs. Fast programmatisch. Aber bei den genannten Völkern, die rund um die südöstliche Insel, eine der berühmten Scampi-Buchten des Kvarner, ihr Unwesen trieben und sich oft und ausgiebig bekriegten, weiß man nie genau, was sie alles wussten. Wir jedenfalls brauchen nur das Smartphone anzuschalten und haben die Satellitenansicht vor Augen. Was dagegen Habsburger und Frankopanen vor Augen hatten, waren Schiffe. Man hat sie erahnt, die Piraten und umgekehrt die Gütersegler, weit in der Ferne. Die Reiserhythmen der Transportschiffe waren bekannt, weil Boten über Land zu Aussichtspunkten geschickt wurden und man einfach in Buchten abgewartet und ihnen aufgelauert hat. Die viel kleineren Gaffelsegler der Piraten waren wendig und schneller. Bei günstigen Winden, wenn die Luft einen klaren, weiten Blick zuließ, hat man von Senj bis zum Horizont der Adria schauen können und die 60 Seemeilen bis Veli Lošinj in vier Stunden geschafft. Das kam einem modernen Schnellboot von heute gleich. Im frühen 20. Jahrhundert haben die Italiener dieses

Vorbild bei ihren Einsätzen während des Ersten Weltkriegs gegen die Habsburgerflotte schließlich kopiert.

Aber zurück in die Vergangenheit, denn nur durch sie lässt sich manches in der Gegenwart besser verstehen. Als noch kaum Nationalstaaten wie heute existierten, es nur Einflussgebiete gab, stets unsicher, meist lückenhaft verteidigt, war das römische Weltreich bereits eines der ersten (und erfolgreichsten) Beispiele für einen stabilen Staat in der westlichen Hemisphäre. Doch als das Reich zerfiel, wurde es in diesen Buchten ungemütlich: Ein Freibeuter-Paradies der schlimmsten Sorte entstand. Der Papst hatte großen Einfluss und mächtige Interessen, aber oft nicht das Geld für Armeen, Schiffe und Kriegsgerät. Doch er hatte die Macht des Kults, den Draht zu Gott – ein entscheidendes gesellschaftliches Rauschmittel. Ab der ersten Jahrtausendwende waren es dann die Kreuzzüge, besonders der vierte, die sozusagen Bewegung in die Gegend brachten. Bevor man sich auf den Weg machte und nach Jerusalem aufbrach, um dort unendlich viel Unheil anzurichten, wurde jedoch erst einmal Venedig reich, denn dort haben die Teilnehmer der Kreuzzüge für Kost und Logis Länge mal Breite zahlen müssen. Zudem nutzte man sie als Arbeitskräfte und machte sich ihre Kenntnisse zu eigen. Auch christliches Pilgern hatte seinen Preis. Venedig war fast immer mit Rom im Clinch, aber als merkantile Wesen wussten die Venezianer von der Gier Gregor IV. Und um seine Mission umzusetzen, nutzten sie die Not des Papstes. Die günstig gelegene Sonneninsel Rab wurde von den Venezianern im 13. Jahrhundert als geeignet erkannt und zum Schutzhafen für deren einzige heimische Wasserstraße, die Adria, ausgebaut, mitsamt einer Festung. So wurde die Insel Rab als Handelsplatz reich und die Nachbarinseln haben durch Piraterie Hochkonjunktur gefeiert. Die Uskoken verstanden ihr Segelhandwerk bald und machten loyal ihre politischen Herren, die adligen Frankopanen, mächtiger gegen Venedig und selbstbewusster gegen

Geschütztes Zentrum der Insel Rab: Festungsstadt seit Römerzeiten

Wien. Die ganze Kvarner-Bucht wurde ein Piratennest. Als Irrgarten war diese Inselwelt ideal dafür geeignet. Die nahe Insel Krk und Senj am Festland waren fest in der Hand von Seeräubern mit flotten Seglern. Diese konnten mit weniger Last und furchtloserer Besatzung lange siegreich bleiben. Die Insel in Form eines Krustentiers passt da symbolisch gut. Und sie ist grün. Ja, Rab gilt tatsächlich als grüne Insel, denn sie ist knapp zur Hälfte bewaldet. Vor allem stehen hier noch Eichenwälder, was sehr besonderes ist, wenn man bedenkt, mit welcher Intensität und Rücksichtslosigkeit die Venezianer hier und in der ganzen Region unendlich viele Wälder mit gewaltigen Baumriesen abgeholzt haben. Komplette Inseln und Festlandgebiete haben den Kahlschlag bis heute nicht regenerieren können. Venedig brauchte die Stämme für sein Fundament im Schlamm der Lagune, für Baugerüste sowie für die zahllosen Handels- und Kriegsschiffe. Vielleicht sind die beliebten Eichen auf Rab ja deshalb stehen geblieben, weil man hier selbst lebte oder weil man nach knapp 100 Jahren der grassierenden Pest letzten Endes nachgeben musste, die Insel fluchtartig verließ und nicht mehr dazu kam, diese zu fällen? Den Frankopanen allerdings, die sich einst selbst geadelt hatten, machte schließlich Leopold, Kaiser von Österreich und König von Ungarn, hinterhältig 1671 den Garaus. Nachdem sich Fran Krsto Frankopan nach langwierigen Aufforderungen zu Verhandlungen auf den Weg nach Wien begeben hatte, wurde er bei Wiener Neustadt gefangen genommen und später in den kaiserlichen Kasernen kurzerhand geköpft.

Die Seefahrer jener Zeit hatten also auch ohne Navigations-App und Google Maps zielgenau die sicherste Bucht mit dem besten Weitblick und der schönsten Halbinsel gefunden und pragmatisch zur Niederlassung gewählt. Das heutige Rab hat sich seither relativ wenig verändert. Die Stadt Rab, die eine römische Gründung ist, hat ihr bestehendes Äußeres von den Venezianern und ragt mit ihrer spitz zulaufenden Halbinsel weit ins Wasser der Bucht. Die hoch gebaute Festung mit vier schlanken Glockentürmen hat die Anmut eines Schiffs mit Masten und ist als Kulisse aus Stein beeindruckend. Erst 1409 kamen die Venezianer dazu, sie einzunehmen und zu gotisieren. Die Stadtmauer reicht bis zum „Bug", mit ihren Tortürmen, den Kirchen, Palazzi und Wohnhäusern innerhalb sowie der Hafenanlage außerhalb, und gibt jetzt noch ein Bild mittelalterlicher Urbanität wieder, mit engen Gassen und vielen Treppenstufen, gekrönt durch lieblichen, mediterranen Bewuchs mit voller Blütenpracht. Imposante Palmen geben den Plätzen und öffentlichen Aussichtsterrassen Schutz vor Sonne und Wind. Die oft hohen Mauern bewahren die Höfe und Klöster vor fremden Blicken. Sie sind von farbenprächtiger Klematis, von bunten Bougainvillea-Arten, Rosen, Hortensien und allerlei Kräutern wild geschmückt. Die Gärten dahinter können meist nur erträumt werden.

Ein Traum ist auch die gesamte Insel als Großes und Ganzes in fast jeder Hinsicht. Der gut 400 Meter hohe Kamenjak-Höhenzug im Norden schützt alle ihre Gegenden vor dem regelmäßig über den Velebit-Pass bei Senj einfallenden kalten Wind, der aus der pannonischen Ebene kommenden Bora, der für die Kvarner Bucht und entlang der Küste nach Norden bis Venedig hin prägende Luftzug. Er ist die unsichtbare Zutat für den wunderbaren luftgetrockneten Schinken, den Pršut, aber auch ein gefürchteter unberechenbarer Geselle für Seefahrer und Hausbesitzer.

Der hohe Kamm des nahen Velebit fängt die kalten Stürme und Niederschläge oft genug ab, trägt in den Wintermonaten eine weiße Schneekappe, reflektiert die Sonnenwärme durch die unteren Hänge aufs Meer, also nach Rab, wo die frostempfindliche Flora allen Jahreszeiten dadurch trotzen kann und eine kleine, aber reiche Landwirtschaft zulässt. Deren Produkte finden ebenso auf den Nachbarinseln guten Absatz: Tomaten, Zwiebeln, Weintrauben, Kartoffeln, Knoblauch, Auberginen, auch Mais und Paprika, Kürbisse und Kräuter ebenso.

Und was die Touristen besonders freut: Es gibt auch Sandstrände, nicht nur Kiesel und Karst wie in den meisten Buchten dieser Gegenden. Das wird nicht selten auch wieder zum Problem, da die Badestrände in den Sommermonaten, vor allem

Privater Lebensmittelexport durch Bauern zwischen den Inseln

Mitte August, fast immer aus allen Nähten platzen. Speziell in der Nordbucht bei Lopar, dem legendären Strand von San Marino.

Weite Schwünge der seichten Küstenlinie bilden das Refugium. Die angrenzenden Wiesen werden von Felsen und Bäumen gesäumt. Ideal die Lage am Meer, doch für Tausende wird es irgendwann eng. Es zeltet ja heute keiner mehr einfach so und macht sich sein Lagerfeuer. Nein, der nahe Fähranleger in Lopar begünstigt die Anreise, so kann heute jeder mit dem Auto und Campingwohnwagen leicht hierherkommen. Ganze Kolonien von Apartmenthäusern hat der Aufschwung in der Region neu hervorgebracht. Man gelangt also leicht aus Rijeka oder von der Insel Krk, die durch eine Brücke mit dem Festland verbunden ist, aber auch von Süd-Istrien über die Insel Cres per Schiff hierher. Aus Zadar und Pag im Süden kommend, erreicht man Rab per Fährschiff in nur 20 Minuten, bis zur Anlegestelle Mišnjak und die 22 Kilometer bis an die Nordküste sind eine landschaftlich liebliche, beschauliche Strecke.

Die überfüllten Touristenstrände waren sicher nicht der Grund für den Steinmetz Mario, im Jahre 301 auszuwandern, um auf der anderen Adria-Seite, im Westen, die Republik San Marino zu gründen. Vermutlich fehlten ihm die Aufträge oder der nötige Grundbesitz. Doch tatsächlich gab es Initiativen, die Herkunftsgegend mit der kleinen, erfolgreichen Nation zu vereinen, als Kroatien sich in der Krise sah und sich darum die Zusage teuer bezahlen lassen wollte. Aber die Raber Bevölkerung hat aufgepasst und ließ den Deal platzen.

Ein anderes individuelles Kuriosum macht ebenfalls gern die Runde und beflügelt fast beiläufig die Werbung für Rab: Das Nacktbaden sei hier erfunden worden, heißt es oft. Als der englische Thronfolger Edward VIII. mit seiner bürgerlichen Geliebten Wallis Simpson 1936 auf seiner Jacht in der Bucht Supetarska Draga den Anker in das türkisblaue, klare

Inselheiliger trägt Jesus über das Wasser: Christophorus-Denkmal

und warme Wasser warf, um dort auf Reede in aller Ruhe zu verweilen und frisch verliebt mit Wallis nackt ins herrliche Nass zu springen, war es um die Ruhe geschehen. Erst als er sich zu erkennen gab, was dank des beflaggten, auffällig schönen, weißen Schiffs nicht sonderlich schwerfiel, suchte er offiziell um diese Freiheit an und sie wurde ihm gewährt. Ob nun wirklich durch seine Hoheit inspiriert oder nicht, die Legende von der Geburt des FKK-Kults hat diesen zu einem gesellschaftsfähigen Business, zu einer Mode werden lassen.

Die Freikörperkultur ist an vielen Plätzen im Kvarner und in Istrien salonfähig, auch anderswo, aber in Kroatien wurde sie es wohl früher als andernorts. Nackt hat man überall auf der Welt vermutlich seit Urzeiten gebadet, aber mit diesem monarchischen Grundstein in einer zwar modernen, aber prüden Epoche sah man das dann als „Kultur" geadelt an.

Eine wohlgehütete Reliquie im Dom der Heiligen Maria auf der vorderen Spitze der Altstadt, in Form eines mit Edelsteinen besetzten Schädels unter einem Glassturz, soll den Kopf des Schutzheiligen Christophorus zeigen. Der Glaube hilft jedenfalls. Bereits seit Jahrhunderten gibt es ihm zu Ehren jedes Jahr die Rabska Fjera, mittelalterliche Ritterspiele, die die ganze Stadt in eine historische Wirklichkeit verzaubern.

Dieses Fest wird immer am Wochenende um den 24. Juli herum begangen, dem Tag des heiligen Christophorus, des ursprünglichen. Wie sein Kopf hierhergekommen sein soll, habe ich nicht in Erfahrung bringen können, gewirkt haben soll er vor allem in Lykien. Die Reliquie ist nach Voranmeldung in einer Katakomben-Kapelle zu besichtigen. Auf der wunderbaren Aussichtsterrasse, die durch einen Nebeneingang gleich von der Kirche aus erreichbar ist, steht man auf einer alten Plattform, die ein Teil der Hauptgasse ist und einen beliebten Treffpunkt darstellt. Vor allem zu Sonnenuntergang wird hier exzessiv fotografiert. Von dort schaut auch ein Christopherus aus Bronze, natürlich mit Jesus auf der Schulter, dem Licht Gottes entgegen.

Von der Brüstungsmauer sieht man unter sich den Uferweg, der an der Altstadtspitze beginnt und weit entlang des Pinienwaldes um die Bucht führt. Die eindrucksvolle Frontfassade des Doms aus hellem Sandstein gleicht einem großen Relief aus Heiligen und Säulen unter flachem Giebel und mutet sehr italienisch an!

Die Aussichtsterrasse beim Dom Sveta Marija

Die umliegenden Klöster dagegen halten sich bedeckter, allein ihre Kirchtürme lassen ihren Standpunkt hinter hohen, alten Mauern erkennen.

Hinter dem Dom, der Halbinsel gegen die Stadtspitze zu, findet sich die kleine Kirche St. Anton mit dem Franziskanerkloster. Zwischen St. Maria und St. Andreas, der Kirche der Benediktinerinnen, die ihr Kloster vor dem Dom haben, steht der älteste Turm der vier großen sakralen „Masten" dieses Altstadt-„Schiffs". Dort kommt man auch auf den Trg Slobode, den Freiheitsplatz. Gemeint ist hier die Freiheit von Italien. Ja, nachdem die Venezianer die Segel auf der Insel wegen der Pest bereits um 1500 strichen, hatten nach dem Ersten Weltkrieg wieder Italiener aufgrund des Friedensvertrags in diesem Teil Kroatiens das Zepter übernommen, mussten sich allerdings 1921 wieder zurückziehen. Aus Freude darüber pflanzte man auf diesem Platz eine Eiche, die heute mit ihrer weiten, dominanten Krone Schutz vor Regen und Schatten bei Sonne spendet. Von diesem Platz aus kann über eine schmale, alte Steintreppe an der Steilwand die herrliche Seepromenade erreicht werden.

St. Justina, der nächste Campanile, dient inzwischen als Museum für religiöse Kunst. Die Öffnungszeiten teilen sich auf den Vormittag (9–13 Uhr) und den Abend auf (19.30–22 Uhr), damit wird der Blick zur schönsten Tageszeit (eben auch bei Sonnenuntergang) auf die pittoreske alte Stadtanlage ermöglicht. Weiter führt der Weg zur obersten Längsgasse der vier Parallelen, vorbei am letzten Turm Sveti Ivan, der Johanneskirche, dessen Kirchenschiff längst verfallen und eine unverfälschte Gedenkstätte geworden ist. Am oberen Ende der Altstadtfestung gelangt man über einen kleinen Hof zu einer Metalltreppe, die in den zerstörten Wehrturm Sveti Kristofor hinauf zum wild bewachsenen Zinnengang führt. Hier eröffnet sich mir das großartige Bild der gesamten Anlage Alt-Rabs, wie auf einer Kommandobrücke. Mit den gestaffelten

Alle auf einen Blick: die Kirchtürme der Altstadt von Rab

Masten stehen sie vor mir da, die vier Kirchentürme, bis zum Bug dieses Steinschiffs, und ich schaue aufs blaue Meer hinaus mit all den Buchten und Inseln vor dem mächtigen Velebit im Hintergrund und ich fühle mich wie ein Käpt‘n auf großer Fahrt.

Die mittelalterlichen Gassen und Plätze zu durchschreiten, die nur spärlich Modernität erkennen lassen, das hat etwas von einer Zeitreise. Man kann einmal durchatmen und alles vergessen, was sonst die Gedanken bestimmt. Gesteigert wird das besonders, wenn die Inselstadt in Feierlaune ist. Händler- und Handwerksstände reihen sich dann entlang vieler alter Mauern.

Geschichtenerzähler, Soldaten in Ritterrüstungen und traditionelle Musiker mit Tänzern bevölkern die engen Gassen. Beim Abstieg über die vielen Stufen zu den unteren Hauptgassen, wie der Srednja ulica und der Donja ulica, gelangt man zur sogenannten Loggia, dem Gerichtsplatz aus dem 16. Jahrhundert, der heutzutage friedlich von Malern genutzt wird, die dort arbeiten, ihre Werke ausstellen und feilbieten. Beim Mittelalterfest kann einem schon mal eine Kolonne aus Rittern auf der Srednja ulica den Weg durch sperrige Hellebarden und Speere streitig machen. Oder zwei Junker fangen spontan einen Streit an, während man geruhsam im Café-Restaurant unter dem alten, von Säulen getragenen Dach des Atriums „Paradiso“ sitzt und bei von Damen im Renaissance-Look erzeugten Schalmeienklängen seinen Malvasia genießt.

Leicht ist man von deren Wirkung gefangen genommen und verwechselt Spiel und Wirklichkeit. Die trockene, warme Abendluft des Sommers und die späte Farbintensität der Dämmerung steigern den Zauber der historischen Kulisse erheblich. Wenn die Dunkelheit sich mehr und mehr verdichtet, die Klänge von Lauten und Dudelsäcken der Sopilenspieler, die die akustische Orientierung bilden, Kerzen und Fackeln in vielen Teilen der Gassen den Weg weisen, dann ist man endgültig mittendrin. Das Volk tanzt paarweise und es braucht nicht viel, um sich zu beteiligen, sich von den Klängen der Dudelsackpfeifen, dem althergebrachten Musikinstrument der Hirten aus Ziegenhaut und Schilfrohr, bei dem schummrigen Licht der Gaslaternen mitreißen zu lassen.

Ehemalige Loggia: statt Gericht nun Gerichte im Restaurant „Paradiso“

Mittelalterfest Férija: Stolze Armbrust-Schützen geben sich die Ehre.

Zur jugoslawischen Zeit hat diese Insel den besonderen Ruf genossen, gut für kurze romantische Abenteuer zu sein. Das wird nachvollziehbar auf einem Spaziergang an der unteren Seepromenade, wo Fischer ihre Boote, ausgerüstet mit Lampen für das Anlocken der Fischschwärme, nah am Ufer vorführen und der nahe, dunkle Wald leicht erreichbar ist – ein Refugium für Liebeswillige.

Der Park Komrčar verliert die äußere Kontur mit seinen kleinen Wegen durch das Gewirr der Stämme, die das dichte, dunkle Blätterdach der Eichen und Aleppo-Kiefern tragen. Die ganze Kalifront, so nennt sich der nordwestliche Arm des „Krebses“, der die Form von Rab bildet, ist mit Wald überzogen. Grün ist diese Halbinsel, es gibt kaum Straßen, nur Radfahren wird auf den Fußwegen geduldet. Die unendlich vielen kleinen Buchten, die die karstige Küste zu bieten hat, müssen also begangen oder besser mit dem Boot erkundet werden, einfacher noch mit einem Taxiboot. Dort gibt es für den Ruhesuchenden, für den Naturfreund keine Ausrede mehr – hier wird gewandert. Einzig bei einem Hotel kann mit dem Wagen vorgefahren werden.

Auf der anderen Seite des Parks, am Ende der Hafenbucht, führen die Wege in den Garten des Grand Hotels Imperial,

Das alte „Imperial"-Grandhotel ist Rabs neues Glanzstück.

das als ältestes Gebäude seiner Art 1911 erbaut wurde. Es ist inzwischen nicht nur an die heutigen Standards angepasst, sondern bildet mit seiner üppigen Bar und der großzügigen Terrasse vor allem einen Treffpunkt für Einheimische mit Fremden und ist eine Tauschbörse für allerhand Neuigkeiten. Daran haben auch die Smartphones nichts Wesentliches geändert.

All die illustren Vorteile dieser in die Botanik eingebetteten Edeloase vor breiter Freitreppe, der die historische Stadt zu Füßen liegt, kann den Wissenden nicht darüber hinwegtäuschen, dass im Hinterland des großen Gebäudes ein sehr dunkler Fleck dieses Inselparadieses lag. Eine Tatsache, die ihm die Machthaber der jüngeren Geschichte zugefügt haben, weil Zyniker, egal welcher Couleur, als Diktatoren die gleichen Grausamkeiten ihren Feinden zukommen lassen. Hier wurden in einem Lager, zu Zeiten Mussolinis, Hitlers und Titos, Menschen gefangen, gefoltert und ermordet.

Dies geschah leider auch auf den beiden Inseln Goli und Sveti Grgur, die zwischen den Traumstränden Lopars und der menschenleeren Insel Prvić liegen. Hier wurden Gefangene zu Schwerstarbeit in Steinbrüchen gezwungen, wie in Konzentrationslagern misshandelt und getötet. Tausende. Kroaten, Italiener, Deutsche.

Diese Vergangenheit ist kein Geheimnis. Die heutigen Inselbewohner erinnern daran mit einer Gedenkstätte. Ruinen der Anlagen können auch auf den Inseln besucht werden, mit Booten ist leicht dorthin zu kommen. Es gibt auch Führungen wider das Vergessen!

Wer einmal im Meerwasser, egal wo, rund um eine der kleinen Inseln geschwommen ist, wer das seidenweiche Nass, seine kristallklare, türkisblaue Transparenz erlebt hat, der ersehnt kein anderes Meer mehr. Im Schatten von Pinien, Kiefern oder Eichen in lauer Luft sich abzutrocknen und das Salz auf der Haut zu spüren, allein das kann einen glücklich machen. Die herrliche, reine Meeresluft ist bereits eine Kur, das stellt man in diesen Breiten schon nach einem Tag fest, aber Naturgenüsse solcher Art machen einen nicht satt, sie erzeugen Appetit, der nach Erfüllung sucht.

Kleine Restaurants, Konobas, finden sich schnell, wenn man nicht etwas Bestimmtes sucht. Inzwischen können sehr viele Lokale mit Qualität überzeugen. Die meisten Küchenchefs haben gelernt, dass es auch bei kleinen Mahlzeiten vor

Die Kampor-Bucht verschweigt aus der Distanz seine finstere Geschichte.

allem auf Frische ankommt. Die Zeiten, die Jugoslawien noch als Land der Ćevapčići und Ražnići mit Pommes und Ajvar berühmt gemacht haben, haben sich gewandelt. Die neue Klientel der Generation Internet hat fast unmerklich und doch nachhaltig dafür gesorgt, dass man sich wieder mehr auf heimische Spezialitäten besinnt, denn die Konkurrenz schläft nicht. Solche Unterschiede zwischen den Lokalen hat es schon immer gegeben, aber die Gerichte sind heute oft variabler zubereitet und werden besonders schmackhaft serviert. Meeresfische aller Art, Lamm, gegrillt, aber auch Rind sowie Schwein gehören zu den Hauptzutaten. Letztere, obwohl sie kaum in diesen Gegenden gehalten wird, denn Weideflächen gibt es so gut wie keine an der Küste, dafür sei vor allem dem Hinterland Dank, dem landwirtschaftlichen Wunderland Slawonien. Auch die Auslandsinvestitionen im Bereich der Lebensmittelgroßmarktketten haben ihren Anteil daran, denn Lieferengpässe und günstige Preise verleiten oft zum schnellen Einkauf. Da scheiden sich die Geschmäcker der Gäste und die Ansprüche der Köche dann doch sehr bald. Gelegenheiten, dies zu testen, gibt es unzählige, aber wer gleich die ganze Palette aller einheimischen Speisefacetten zur Auswahl haben möchte, geht am Strand von Barbat auf Nummer sicher. Auf der gediegenen Terrasse unter den berankten Pergolen des zweistöckigen altenglischen Backsteinbaus sitzt man gut am gepflegt gedeckten Tisch – das ruhige Meer und den Strand vor Augen läuft einem das Wasser im Mund zusammen.

Das Preisniveau allein spricht bekanntlich nicht allein für Qualität und Erfahrung. Um dies zu verifizieren, braucht es etwas Zeit, die man meist nicht hat. Und so bleibt nur zu empfehlen, sich früh kundig zu machen, um in der Ecke, wo man den Tag verbringen und am Meer die Seele baumeln lassen will, vorher ein Lokal zu suchen, um später nicht lange herumirren zu müssen. Es ist immer heikel, mit der Suche zu beginnen, wenn der Magen schon knurrt, zu schnell ist man mit dem nächstbesten einverstanden. Hoffentlich ist es nicht immer gleich eine Enttäuschung, denn auch Ćevapčići und Ražnići sind inzwischen meist in sauberem Öl und mit frischem Fleisch zubereitet, aber die kleinen, feinen Unterschiede gehen häufig verloren, wenn es schnell gehen soll.

Vor Jahren kannte man hier kein Basilikum oder gar Mozzarella, auch andere Kräuter waren oft in der Küche rar, denn diese hatten die Lämmer ja ganz natürlich bei ihren weiten Ausläufen auf den Höhen der Inseln und im istrischen Inland zu sich genommen. Die Schafe waren buchstäblich durch das natürliche Äsen von innen mit Rosmarin, Salbei und Thymian gewürzt, sodass man beim Zubereiten kaum mehr daran denken musste. Vielleicht waren es zuerst die benachbarten Italiener, die es von Haus aus gewohnt waren, gut zu essen, die oft lautstark den Wandel der Küche hier selbstbewusst eingefordert haben?

Die Fischer mussten sich auch erst nach und nach den importierten Geschmacksansprüchen öffnen und bangen inzwischen eher darum, dass die Fänge nicht importiert werden müssen. Genau darum geht es natürlich bei dem Dilemma. Moderne Transportmöglichkeiten machen es mehr und mehr möglich und so wird öfter nachgeholfen. Aber es gibt sie noch, die kleinen und meist sehr erfahrenen Fischer, die hinausfahren, früh morgens oder am Abend, manchmal auch über Nacht – und bringen ihren Fang aus Reusen, Netzen und mit Angeln zu den Köchen der Restaurants, ja verkaufen ihn manchmal direkt von Bord nach dem Anlegen, wenn man sie fragt. Kocht man selber gerne und hat die Gelegenheit dazu, dann sollte man unbedingt diese Chance wahrnehmen, besonders bei außergewöhnlichen Fängen, wie Rochen, Hai oder Seeteufel. Es gibt nichts Besseres! Die Fischer geben gerne Tipps fürs Zubereiten, putzen die Fische auf Wunsch und nehmen sie auch aus. Alles Weitere ist fast immer einfach, macht ungeheuer viel Spaß und beglückt Familie und Freunde.

Da kann das Schwein nur schwer eine Alternative sein, das sich am Spieß drehend als Spanferkel vor der ein oder anderen Dorf-Gostilna präsentiert. Trotzdem ist es natürlich sehr beliebt.

Wenn beim Speisen ein leichter Weiß- oder kräftiger Rotwein aufgetischt wird, die Sonne am Horizont im Meer versinkt und man selbst danach in den verdienten Schlaf fällt, dann kann der nächste Tag gern noch auf sich warten lassen.

Also, ein Badetag auf Rab, auf einer an sich überschaubaren Insel, kann auf viele Arten begangen werden, denn die Strände und Buchten sind sehr verschieden, ebenso deren Umgebung und auch das Badeerlebnis selbst, trotz einheitlicher Wasserqualität und Temperatur. Schaut man auf die historische Silhouette der Altstadt von Banjol oder Padova, verleiht es auch dem Schwimmvergnügen einen anderen Rahmen, anders als in der wilden Natur der Halbinsel Dundo mit Blick aufs freie Meer oder bei Lopar auf die Nachbarinsel Sveti Grgur sowie bei Barbat auf die unbewohnte lange Uferlinie von Dolin. Ebenso sind Strand und Meeresgrund und deren Beschaffenheit Kriterien, die die Wahl und die Befindlichkeiten stark beeinflussen, aber nicht alle haben an den Sandstränden genügend Platz und nicht jeder will in der Masse Sonne tanken. Es gibt auch Argumente gegen Sand am Strand, nicht nur dass er zwischen den Zehen und Zähnen knirscht, sondern auch dass das Wasser im Flachen trüb ist und man meist keinen Kopfsprung hinein machen kann. Diesen Vorteil hat man an vielen Felsen, weil dort klares Wasser und meist genügend Tiefe vorhanden sind. Von einer vor Anker liegenden Jacht aus zu springen, ist wohl der Luxushupfer. Keinesfalls vergessen werden darf, wie man nach der sportlichen Erholung später an einen gedeckten Tisch kommt, ohne sich auf dem Weg mit einer Überdosis Straßenverkehr die Laune zu verderben oder gar den Sonnenuntergang zu verpassen. Die blaue Stunde auf einer Terrasse bei herrlichen Düften und gutem Wein rundet jeden Tag doch fast überall richtig gut ab.

Am Strand von Barbat kann man leicht Zeit und Alltag vergessen.

Für ein Eiland, das kaum dreißig Kilometer Straßennetz hat, ist es erstaunlich, wie die Blechlawine im Sommer immer wieder die Insel überschwemmt und trotzdem dem Zauber des Wesens dieser Insel nichts anhaben kann. Kleinste Gassen, enge Kurven und begrenzter Parkraum werden von immer dicker werdenden Limousinen und ebensolchen Bussen benutzt, aber südliche Gesinnung improvisiert oft liberaler, die bei natürlicher Schönheit der Landschaft wächst, auch wenn wachsendes historisches Verständnis kritischer macht.

Rezept für die schnelle Runde auf hohem Niveau

SCAMPI FUŽE AUF NUDELN MIT RUCOLA

Zutaten:
1 kg Scampi (Größe nach Wunsch und Angebot)
100 ml Olivenöl
Kräuter und Gewürze nach Geschmack
(Salbei, Rosmarin, Lorbeer, Knoblauch, Pfeffer)
200 g Rucola (falls nicht vorhanden, auch Petersilie)
2 Zitronen
500 g Spaghetti

Zubereitung:
Das Olivenöl mit den Kräutern und Gewürzen vermischen. Die Schwänze der Scampi je nach Größe etwas einschneiden und mit dem Kräuteröl bestreichen. Die Nudeln al dente kochen, etwa 10 Minuten. Und einige Minuten bevor diese fertig sind, die Scampi in die erhitzte Pfanne geben. Dabei darf das Olivenöl nicht zu heiß werden, es sollte nicht rauchen, weil die Aromen sonst verloren gehen. Die Scampi beim Braten wenden. Nach der kurzen Garzeit abschalten, die Nudeln abgießen, auf die Teller verteilen, etwas Rucola obenauf und darauf die Scampi verteilen. Mit Meersalz und Zitrone nach Geschmack würzen und servieren.

Adressen-Auswahl

Arbiana Hotel
Das Hotel liegt etwas abseits, und das ist gut so. Man hat dadurch eine herrlich ruhigen Abend. Der Service ist sehr höflich und das Essen exzellent.
Obala kralja Petra Krešimira IV, 12, 51280 Rab, Tel.: +385 51 725 563
www.arbianahotel.com

Konoba Rab
Ul kneza Branimira 3, 51280 Rab, Tel.: +385 51 72 56 66
konoba.rab@e-mail.t-com.hr

Belveder Restaurant
Supetarska Draga 223, 51280 Rab, Tel.: +385 51 77 61 62
www.belveder-rab.com

Restaurant Leut
Barbat 421, 52180 Rab, Tel. : +385 51 72 10 74
www.leut-rab.com

Hotel Barbat
Barbat 366, 51280 Barbat Na Rabu, Tel. : +385 51 721 858
www.hotel-barbat.com

Familienhotel Plaža
Lopar 608, 51281 Lopar, Tel. : +385 52 465 000

www.travel-tourist.com

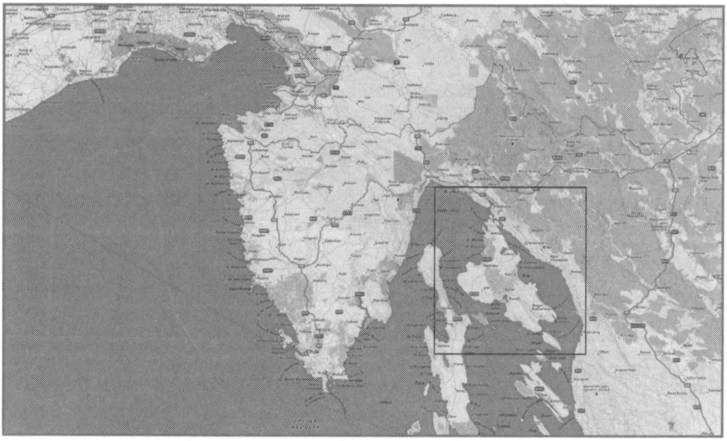

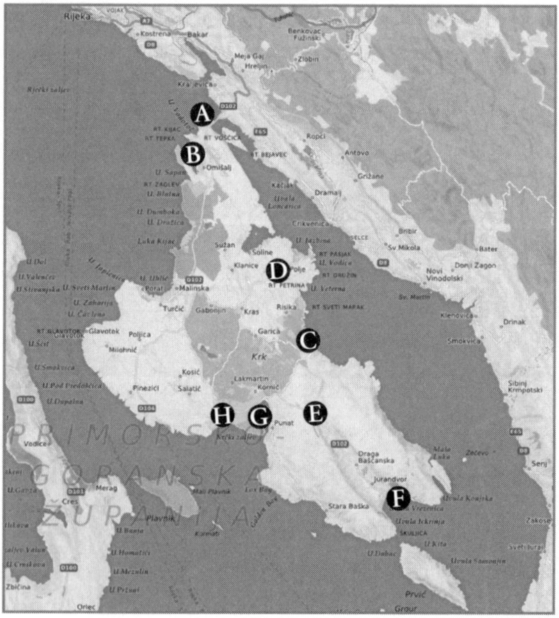

A Brücke nach Krk
B Dom von Omišalj
C Weinstadt Vrbnik
D Šurlice in Dobrinj

E Glagotischer Wanderweg
F Idyllische Sackgasse Baška
G Klosterinsel Košljun
H Illyrer-Gründung Krk

06 Im Reich der Piraten

Die Kvarner Hauptinsel Krk

Will man die „Schöne“, Veglia, wie sie schon von den Venezianern genannt wurde, bereisen, dann sollte man sie von Süden her ansteuern. Man sollte die zumindest größte Insel der Adria (Cres mit Lošinj ist bis hinter die Kommastelle zwar genauso groß, aber vom Kanal Osor in zwei Inseln getrennt) in dieser wundersamen Bucht Kvarner so bereisen, dass man wirklich das Gefühl bewahrt, auf eine Insel zu kommen. Vom Meer her soll sie wohl auch bevölkert worden sein. Ja, es gab immer Flüchtlinge, neue Siedler und Abenteurer, die sich auch dort am Festland zurechtfanden, wo es kaum ein geregeltes Durchkommen mangels einer funktionierenden Infrastruktur gab, aber über die Meere war es doch erheblich leichter. Jedenfalls hat bereits Homer Krk in seiner Ilias sowie die hiesigen Bewohner, die Kureten, als Kurik erwähnt. Diese Insel hatte im Laufe der Zeit und unter wechselnden Mächten immer wieder andere, aber lautmalerisch ähnliche Namen. Damals waren es Menschen, die aus dem Süden, aus dem heutigen Griechenland, eingewandert sein müssen, darum liegt eine Ankunft von See aus näher als über das nahe Festland per Brücke. Auch Kirke, die Zauberin im Reisegespann des Odysseus, sei genannt, eine vermeintliche Namensgeberin, da die Kreuzfahrt

Der „Mond-Wanderweg“ von Baška verläuft sich in den Karsthöhen.

des berühmten Griechen in den Annalen so hartnäckig wiederholt wird, dass seine Gegenwart in diesen Gewässern des Kvarner, Legende oder Wahrheit, nicht zu leugnen ist. Krk ist die inselartige Fortsetzung Istriens nach Süden. Die Kalkstein- und anderen Erdschichten haben sich so langsam über die Jahrmillionen gegeneinander verschoben, dass sich gewisse Landschaften bildeten. Es entstanden die Alpen, das Mittelmeer, Europa und darin kleine, überschaubare Gegenden. Dieser Kvarner ist so eine. Politisch sogar eine eigenständige Verwaltungsregion, die sich aber auch auf den östlichen Teil der istrischen Halbinsel erstreckt. Wenn man vom Učka-Gebirge, diesem höchsten Gebirge am nordöstlichen Ufer der istrischen Halbinsel, mit dem knapp 1400 Meter hohen Gipfel Vojak, bis nach Dalmatien blickt, kann es sein, dass einem die Vorgänge der Erdgeschichte, die tektonischen Plattenverschiebungen, plötzlich ganz lebhaft vor Augen stehen.

Zwischen diesen Fels- und Karsterhebungen bildeten sich die Wasserwege, auf denen frühe Siedlungen per Boot und Schiff vom Menschen erreicht werden konnten. Und so haben die Menschen sie dann auch genannt: Straßen, Vrata. Die Straße des Scampi wurde die Hauptader dieser Meeresbucht getauft, weil hier von alters her die Meerestiere ihre

Brutgebiete hatten und der Mensch sie mit seinem Verzehr feierte. Berühmt sind bis heute besonders die großen Garnelen, eben Scampi. Wenn man also von Süden auf der Adria-Magistrale E65 über die vorgelagerte Insel Rab nach Krk will, fährt man von Lopar am Nordende los und nimmt dort erneut das Fährschiff der staatlichen Reederei Jadrolinija mit Kurs auf Valbiska zur Insel Krk.

Zugegeben, es ist die umständlichste Art der Annäherung an diese größte Insel der ganzen Adria. Von Wien oder Zagreb kommend, kann man besser noch die neue Autobahn nach Split nehmen und bei Senj abbiegen, um über die kleine Passstraße dann auf der gleichen Magistrale bald zum Fähranleger Stinica bei Jablanica zu gelangen.

Nun, diese große Insel liegt mit ihrer Nordostspitze sehr nah am Festland, über das Wasser ist es quasi nur ein Sprung weit. Aber ob diesen Sprung auch die Erstbewohner der Insel taten, ist ungesichert. Sicher scheint dagegen zu sein, dass die Bärenmütter aus dem nahen Ufergebirge Gorski kotar hinüberschwammen und auf der Insel ihre Jungen, jenseits der

Seit 1980 verbindet diese Brücke die Insel Krk mit dem Festland.

Bedrohung eifersüchtiger Männchen, in Ruhe großzogen. Diese schlaue Angewohnheit sollen sie bis heute beibehalten haben. Die engste Stelle dieses Velebit-Kanals bei Jadranovo von nur wenigen Hundert Metern, gesäumt von sandigem Strand, macht es aber auch für gute Schwimmer möglich.

Autofahrer mussten bis 1980 aus der kleinen Bucht bei Crisjneva die paar hundert Meter mit dem Fährboot überbrücken. Der jugoslawische Titan, Marschall Josip Broz Tito, hat auch das geändert und das Nützliche mit dem Schönen verbinden lassen. Er ließ, weil der Flughafen Grobnik von Rijeka zu klein geworden war und sein Tal in den Bergen hinter der Stadt keinen Raum für einen neuen, den modernen Ansprüchen genügenden hatte, diesen an der Nordküste der Insel Krk bauen. Damit entstand auch eine gut zwei Kilometer lange Brücke, die sich als zwei schlichte, elegante Bögen mithilfe des Felseneilands San Marko just seit Titos Todesjahr über die Meerenge schwingt. Sie gilt als Meisterstück der Ingenieurskunst, Erleichterung für alle Besucher und ist damit in die Architekturgeschichte eingegangen.

Inzwischen ist diese Brücke der Moderne selbst Teil der Geschichte, denn sie hat schon viel erlebt. Der Wechsel politischer Verhältnisse lässt sich oft leicht am Zustand der Architektur ablesen. Die gepriesene Freiheit im Tito-Land, die der Bevölkerung relative individuelle Lebensgestaltung in bescheidener, aber sicherer Atmosphäre gestattete, hatte sich in den letzten Jahren bereits verschlechtert. Wirtschaftlich wurde es enger, und die Korruption, die man im fernen Belgrad witterte, hat die Gemeinschaft der Völker zerfallen lassen. Öffentlichen Einrichtungen sieht man schon nach kurzer Zeit ihre Vernachlässigung an. Die Bilder davon haben sich nach dem Zusammenbruch der sozialistischen Länder ins Bewusstsein eingebrannt. Oft war dies aber auch schon viele Jahre vor dem eigentlichen Ende des Systems sichtbar.

Diese besondere Brücke hat ein solches Schicksal wohl aus unbedingter Notwendigkeit ihrer Existenz und durch das Einheben einer Maut sowie durch den hartnäckigen Willen der Inselbevölkerung nicht ereilt. Dem Tourismusinteresse, der Neubelebung des provinzialen Flughafens durch Billigfluglinien, der damit verbundenen Aufrüstung der Nahversorgung von Supermarktketten und dem Effekt der Vollbeschäftigung sei Dank. Die spezielle geografische Lage macht eine ständige Begutachtung und Nachrüstung notwendig, da die Brücke eine Passage überquert, die durch die plötzlich und sehr heftig aufkommende, oft wütende Bora berüchtigt ist. Wenn sie aus Nordosten in den Kvarner drängt und an der Küste nach Norden drückt, weiter bis Rijeka und Istrien zieht, flaut sie meist nach Triest erst im Friaul wieder ab. Die Gischt des weit unter dem Straßenverkehr entfesselten Meerwassers hüllt dann nicht nur die Brücke salzig ein, sondern wird auch für Autofahrer oftmals gefährlich. Darauf wird geachtet, durch Leuchtschilder gewarnt, bis hin zum Fahrverbot. Zuerst erwischt es die Motorradfahrer, dann Campingwagen, Busse, Lkws und zuletzt die Personenwagen. Genauso plötzlich, wie dies überraschen kann, ist meist das Warten durch schlagartiges Nachlassen der Kraft der Bora wieder vorbei. Besondere Bedingungen stellen diese Windverhältnisse natürlich auch für die Luftfahrt zum nahen Flughafen dar, und es ist doch beruhigend, dass die letzten Unfälle, auch Abstürze, schon viele Jahre zurückliegen, wohl weil Ausbildung und Technik sich verbessert haben.

In der langen Epoche Österreich-Ungarns war diese Festlandseite des Kvarner bis in die Bucht, wo die istrische Halbinsel hinter Rijeka beginnt, vertraglich begründet eine ungarische Domäne. Die Hauptorte Crikvenica, Novi Vinodolski und Senj wurden dadurch als Kurorte mit üppigen Sommerresidenzen und Hotels für den Fremdenverkehr ebenso genutzt wie die Kvarnerküste auf Istrien durch die Wiener Aristokratie als österreichische Riviera, wie bereits erwähnt wurde.

Blick von Dobrinj über die Macchie bis zur Velebit-Wasserstraße

Nun, der erste Stopp auf der eben betretenen Insel ist der Parkplatz neben der Hauptstraße, nachdem der Brückenkopf in eine künstlich geschnittene Felsenschneise gemündet hat. Nach dem Durchfahren dieser öffnet sich die Sicht auf ein wunderbares Panorama über die Straße der Scampi mit der Ostküste Istriens. Da liegen rechts vor den dichten Sprenkeln aus weißen Häusern, Werften und Gasometern einige Frachter oder Tanker auf Reede, vor dem Hintergrund dunkler Bergsilhouetten. Links der Zipfel einer weiteren Insel und dazwischen der Golf mit seiner glitzernden Wasseroberfläche, deren Schattierungen vorm Wind lebendig bis zu dem nahen Felsenufer mit spärlichem Grün changieren. Das ist die Insel Cres, die Steinige, die bereits lockt, bevor man Krk wirklich gesehen hat. Das ist das Phänomen des Horizonts, der Sehnsüchte nach dem Ort weckt, an dem man sich gerade nicht befindet.

Die Nordküste der Insel zeigt auf den ersten Blick nicht nur die Nähe zur Großstadt gegenüber, Rijeka, sondern auch den alten Ort Omišalj, und man vermutet angesichts der großen Gasometer nicht die Reize naher Badebuchten beziehungsweise die Attraktivität der engen Gassen, die sich rund um die romanische Kirche ziehen. Der Campanile und der alte Wasserturm haben noch ihre ursprüngliche Stimmung erhalten. Diese Ansichten hatten die beiden römischen Kaiser Gaius Iulius Caesar und Pompeius bei der Seeschlacht vor Krk im 1. Jahrhundert v. Chr. noch nicht, denn sie nannten sie „die goldene Insel“ (insula aurea), vermutlich ihrer reichen Vegetation wegen. Heute noch ist die Insel fast gänzlich grün. Allerdings, wie bereits erwähnt, ist seit der römischen und venezianischen Zeit der ursprüngliche Bewuchs alter starker und hoher Bäume fast gänzlich dem „Goldenem Zeitalter“ des Schiffsbaus zum Opfer gefallen und heute eher eine Seltenheit. Die meiste Vegetation heute besteht aus Macchie, also Buschwerk, das sich nur sehr langsam durch Schonzeit wieder zu richtigem Wald entwickeln kann. Immerhin kommen weiterhin seltene Stein- und Flaumeichen sowie die europäische Hopfen- und orientalische Hainbuche vor. Jedenfalls sind die Wasserreserven (in bester Qualität) so weit vorhanden, dass die ganze Insel mit ihren etwa 12.000 Einwohnern und

Hunderttausenden Touristen in den Sommermonaten gut versorgt ist. Nur dann, in der Hauptsaison, kann es vorkommen, dass das recycelte Trinkwasser gering aufbereitet wird. Das Probieren an einer der Frischwasserquellen, die offen jedem Passanten frei zugänglich sind, wie die an der Passstraße zum südlichsten Ort der Insel, macht einen sicher: Es ist herrlich frisch, weich und rein. Wenn dort an der Straße eine Reihe von Autos steht und man sich in der Schlange von Menschen mit Flaschen und Kanistern einreiht, wo ein Rohr das helle Quellwasser zur Verwendung spendet, ist oft Geduld gefragt, falls jemand seine Stellung dort mit dem Füllen etlicher großer Behälter nutzt und alle anderen auf unbestimmte Zeit warten lässt. Ein Raunen geht dort schon mal durch den Wald, wenn er es geschafft hat und der Nächste schöpfen darf.

Das Hauptschiff des romanischen Doms Sveti Lucas von Omišalj

Nach dem erwähnten römischen Seeduell zweier ehemals Verbündeter, die durch den Bürgerkrieg 49 – 45 v. Chr. im alten Reich zu Widersachern gewordenen Kaiser, haben nicht nur Anzeichen von Siedlungen in Njivice hinterlassen, sondern schon Illyrer lebten hier, aus denen die Liburner hervorgingen, die ausgezeichnete Schiffsbauer wurden und die Adria von Krk aus kontrollierten. Sie waren auf der Linie der seinerzeit regen Bernsteinstraße aktiv, die von der Ostsee bis nach Istrien als Handelsweg bestand und in Richtung Griechenland eine profitable Verlängerung ergab. Die Griechen selbst unterhielten einen progressiven Seehandel zwischen dem Schwarzen Meer und der Nordadria, vor allem mit Aquileia. Selbst als Händler, aber auch als Piraten unterwegs, hatten die Liburner immer wieder erfolgreich versucht, sich zu bereichern.

Schon die Römer bezeichneten die Bucht und den Platz der späteren Hauptstadt Krk als „splendidissima civitas curictarum", die strahlendste Stadt der Krker. In Superlativen kannten die Römer sich aus, die waren immer schon ein Mittel, um ihre Machtfülle zu präsentieren, auch wenn alles noch Vorstellung und Wunsch war und vielleicht doch bleiben sollte.

Die Insel-Magistrale, die Nationalstraße 29, ist heute eine neu hergestellte, sich wunderbar durch das hügelige Grün dahinschlängelnde Landstraße mit parallel laufendem Radweg. Das war für die neuen Ansprüche eines gehobenen Tourismus auch notwendig, denn Unfälle auf der lange Zeit löchrigen Fahrbahn häuften sich, der dichte Verkehr ging nur schleppend voran und immer wieder waren Radfahrer und kreuzendes Vieh gefährdet.

Jetzt ist es schön, die Insel fahrend zu bereisen. Auch wer den heimischen Flughafen Rijeka nutzt und dann per Taxi, Mietwagen oder mit dem Bus weiterfährt auf der 45 Kilometer langen Strecke bis in den Süden, wird die abwechslungsreichen Ausblicke genießen. Die neue Bautätigkeit strahlt Aufschwung aus, verändert aber auch manche Inselerwartung, weil Abgeschiedenheit und urtümliches Naturgefühl abnehmen. Die kleinen Städte entwickeln eine Art von „Suburbs“ aus Tankstellen und Baumärkten, wie man sie von daheim schon genügend gewohnt ist. Es scheint immer schwierig zu sein, aus den Fehlern anderer zu lernen. Gordische Knoten zu durchschlagen ist sprichwörtlich herausfordernd, mehr noch, wenn man an diesem Erfolgsprinzip lange nicht teilhaben konnte. Gut, die Insel ist groß und es gibt bis in die kleinsten Orte hinein immer wieder erstaunliche Beispiele von durchdachter Modernität, die letzten Endes meist auch eine persönliche Geschmackssache bleiben.

Die wirklich negative Seite der Globalisierung hatte sich vorwiegend beim Fischfang offenbart. Die Lizenzen dafür sind staatlich verantwortet und bis zum Eintritt Kroatiens in die EU hat man die nächtlichen Fangboote mit Superscheinwerfern, außerirdischen Ungetümen gleich, durch die schwarze Inselwelt kreuzen sehen. Der so sehr beliebte Thunfisch trieb sogar die Japaner in diesen abgelegenen Winkel der Weltmeere. Die Piratenmentalität setzte sich weiter durch,

Zeugnis einer gefährdeten Spezies im ehemaligen „Thuna House“ von Omišalj

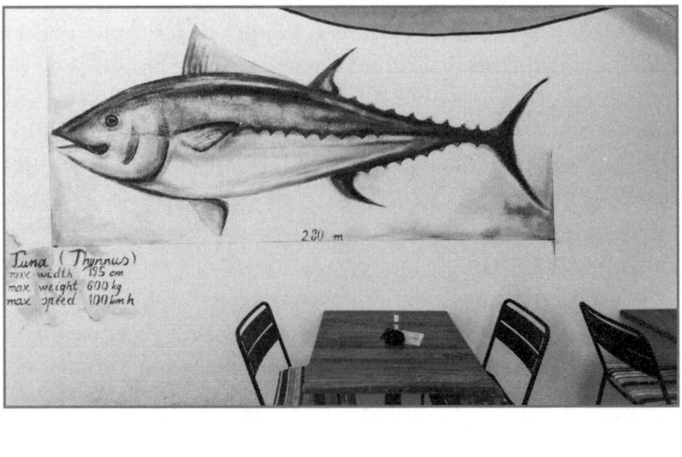

wenn auch auf „legale" Weise. Jenseits der Drei-Meilen-Zone ist die Welt ohnehin für jeden frei. Oft standen morgens die Sattelschlepper der italienischen Händler Schlange im Hafen von Krk und haben dort an den Kuttern das „gefischt", was auf ihrer Adriaseite bereits selten war und zu teuer wurde. Wie schwer Fangquoten auch in der EU durchzusetzen sind, wird immer wieder anhand unausgegorener Kompromisse klar – man ist ja schon froh, wenn der Walhai unter internationalen Schutz gestellt wird – allein, das löst das Fischereiproblem vor Ort nicht. Denn diese Spezies hat man hier sowieso noch nie gesichtet, aber Delfine und Barrakudas erhalten sich nur weiterhin bei ausreichenden Futterfischgründen in diesen Gewässern.

Weg vom Fisch, hin zur modernen Kunst. Die hält nämlich längst ihren Einzug. Junge Künstler versuchen ihr Glück auf Krk. Vrbnik ist dafür ein gewisser Treffpunkt auf der Insel. Dieser kleine Ort an der Nordostküste sitzt buchstäblich auf einem Felsen über seinem schluchtartig geschützten Fischerhafen, mit einer Mole am schmalen Eingang. Reihen von alten Einfamilienhäusern säumen die steile Hauptgasse mit kleinen Geschäften bis zu einem Platz, der einem öffentlichen Wohnzimmer ähnelt. An einem wohligen, mittelalterlichen Gasthaus sitzen zufrieden Gäste an der Außenmauer auf einer Steinbank bei ihrem Bevanda in der Sonne und unterhalten sich. Gegenüber befindet sich das Stadthaus, wo der Bürgermeister residiert und gerne auf Anfrage spontan Einsicht in das Stadtarchiv gewährt, das sich, erstaunlich gut bestückt, im ersten Stock befindet. Eine Sammlung alter Dokumente, Fotos und Landkarten präsentiert Inselgeschichte für jeden Interessierten.

Fast alle Wohnhäuser auf dem Weg dorthin bieten im Untergeschoss oder im kleinen Vorgarten ihre Eigenprodukte an. Weine, Schnäpse, Feigen, Oliven und kleine Handarbeiten finden sich überall. Hier versucht jeder, direkt von dem

Besucherstrom unaufdringlich zu profitieren. Rund um den Ort, man stellt das bereits bei der Anfahrt fest, gedeiht der beliebte autochthone Wein Žlathina, der auf dieser Insel seine Heimat hat und der für seine gefühlte Leichtigkeit mit Zitrustönen gut zu den Fisch- und Meeresfrüchtegerichten mundet. Bevor man auf der Hauptzufahrtsstraße die Kuppe zum Blick auf den Ort vor dem Meer, den Velebit-Kanal zwischen Insel und Festland, erreicht, führt diese direkt durch die Reihen der Rebstöcke. Die Zufahrt in Kehren hinunter nach Vrbnik ist beschaulich spannend. Schön der alte Ort mit seinem Kirchturm, wie er da unten steht, obwohl er auf einem hohen Felsen liegt. Ein Abbieger führt weiter hinunter zur Seehöhe am malerischen Hafen. Dort steht zentral ein flaches Gebäude mit pfahlgestütztem Vordach, darunter Reihen aus Tischen und Bänken. Hinter dem Tor unter dieser Veranda weisen etliche Stufen den Weg hinab in einen Weinkeller, den neben gestapelten Holzfässern auch Gestühl für Bewirtung in schummrigem Licht füllt. Ein Tresen zur Verkostung und zum Verkauf der hiesigen Tropfen animiert zur Einkehr. Bei dem meist guten Wetter bietet sich die zünftige Rast bei Pršut und Pager Sir, eher auf der Terrasse an. Das Rezept für den so berühmten Pršut, dem durch Bora-Luft getrockneten Schinken, und dem viel gelobten Schafkäse Sir, der bei längerer Lagerung dem Parmesan nicht unähnlich ist, wurde ursprünglich von der südlichen Nachbarinsel Pag importiert. Beide sind hier bei einem Glas Wein und Oliven obligat. Sitzt man erst einmal geschützt in diesem einem Saloon verwandten Ausschank der Winzerfamilie Kattunar, dann vergisst man schnell, beim geselligen Genuss mit Ausblick auf die tanzenden Fischerboote im Hafenwasser, Zeit und Ziel. Hoffentlich nicht den Wagen, denn den sollte man noch sicher steuern können, da in Kroatien eine Null-Promille-Pflicht am Lenkrad besteht. Darum besser vorher organisieren und absprechen oder den Einkauf zu Hause verzehren!

Der Wein-„Saloon" vom Winzer Katunar im Hafen von Vrbnik

Am kleinen zentralen Platz angekommen, geht es ins Dickicht enger Gassen. Pflastersteine zwischen den alten, unregelmäßigen Mauern, einige hübsche Höfe, Terrassen und Eingänge mit verschiedenen mediterranen Pflanzen und Blumen, die die grauen, vermoosten Wände lebendig machen, bilden ein malerisches Wirrwarr. Etliche Häuser sind behutsam in frohen Pastellfarben gestrichen und haben hölzerne Fensterrahmen. Hier leben oft junge Künstler aus aller Welt, die sich unauffällig unter die Einheimischen mischen und in hergerichteten Räumen arbeiten. Deutsche und österreichische Galeristen vergeben Stipendien und fördern Kreative nicht nur dieser Nationen. Workshops und Ausstellungen beleben die in dieser Hinsicht lange vergessene Gegend.

Wenn man sich neugierig durch das stille Labyrinth einen Weg sucht, kann man auch plötzlich vor eine Engstelle gelangen und sich fragen, ob man beim Weitergehen nicht klaustrophobisch wird. So schmal neigen sich dort die Nachbarwände zueinander, dass man nur seitwärts gehend mit eingezogenem Bauch das Licht am Ende der Gasse erreicht. Tief durchatmen und sich vorher entscheiden, ob man noch ein nächstes Gläschen Wein irgendwo trinken will! Mit etwas Spürsinn (und ohne Bauch) gelangt man dann doch ans andere Ende der kleinen Stadt und steht bald vor einem Abgrund.

Eine von Säulen umsäumte Terrasse, auf der Weinfässer als Tische, umgeben von Barhockern stehen, schützt vor einem Absturz. Jetzt muss es etwas zu trinken geben. Der Blick über die Landschaft zur Festlandseite und das tiefblaue Wasser, das auch glasklar unter einem die Hafeneinfahrt Vrbniks aus der Vogelperspektive sichtbar macht, lässt eine Weile den Durst vergessen. Der frische, aber laue Wind raubt einem fast den Atem. Ein kurzer Blick zurück und ich mache einen Konoba-Eingang aus. Dieser alte Weinkeller des nahen Restaurants „Nada“ lädt schon seit Jahren zur Einkehr ein. Wildromantisch tauchen nach dem Eintritt in die dunkle Höhle an der Decke hängende Schweinsstelzen über einer kleinen Bar auf. Rechts in der Finsternis befindet sich ein riesiges Holzfass, daneben ein, zwei grobe Tische mit einfachen Bänken. Die Bar ist von Regalen voller Flaschenvielfalt eingerahmt, sodass man einfach nur noch staunen kann. Der Wirt grüßt freundschaftlich-trocken mit „Bok“ (Grüß Gott) und fragt nach unseren Wünschen. Kurz bleibt mir der Mund offen, die Wahl bei dem Angebot muss erst einmal sondiert werden. Bei schönem Wetter serviert er die Getränke auch auf den Fasstischen draußen, gepflegt mit Oliven und Brot. Ein kleines Glück wird wahr.

Ein anderes wird es, wenn man beim Rückweg die Kirche offen findet und in ihrer mystischen Finsternis den Kaplan antrifft und er einem den Aufstieg zum Turm erlaubt. Eng sind Treppe und Aussichtsplattform neben der Glocke, aber die Aus- und Übersicht entschädigt für die damit verbundenen Mühen. Und das mit dem Bauch einziehen hab ich ja schon geübt. Also nichts wie hinauf!

Auf dem Weg zurück durch das weinselige Städtchen zum Parkplatz, findet man unter großen Linden einen kleinen Marktstand mit frischem Gemüse, einen Kiosk mit Zeitschriften und eine große Terrasse eines italienischen Lokals mit allerlei alten, überraschenden Fotos von Vrbnik. Ein schnittiges weißes Kreuzfahrtschiff hat bis in die 1960er-Jahre unten an der Mole Station gemacht. Auch die Zeit mit Eseln in den Gassen macht etwas sentimental. Diese Idylle hat doch schon eine lange touristische Geschichte, nur wenig hat sich hier verändert, was aber den Charme zu erhalten scheint.

Im Oktober sieht man am inneren Hafen eine Schlange aus kleinen Traktoren mit Kübelanhängern die hoch gefüllt mit Trauben vor der amtlichen Waage warten. Damit fließt die Weinlese in die Genossenschaft ein und jedem Winzer wird sein Anteil gutgeschrieben. Die ganze Weinwirtschaft sieht man hier auf einen Blick, ohne hinter die Kulissen schauen zu müssen. Die gute Laune der einheimischen Weinverkoster an den Nebentischen im Saloon von Familie Kattunar (die mit fast allen anderen Winzern hier irgendwie verwandt ist, selbst wenn sie ihre eigenen Marken und Namen haben) ist ansteckend, und so prosten sich alte wie neue Gäste zu: Živjeli! Zum Wohle!

Nun aber hinauf und dann rechts abgebogen, es geht wieder in die grüne Welt der Macchie über den keinen Ort Kras weiter nach Dobrinj. Endstation, so scheint es. Die Straße endet vor einem Ladengeschäft und der Kirche, flankiert von einer Häuserzeile mit Gasthaus. Gegenüber führen kleine Treppen auf ein schmales Plateau mit alten Kastanien, den Stadtpark des Ortes, seiner Größe angemessen – winzig. Von dort kann man vorgehen und weit in die Landschaft, über die dunkelgrünen Hügelketten in Richtung Šilo bis Crikvenica über die See zum Fuße des Gorski-kotar-Gebirges, schauen. Die Saline, die etwas nördlicher in einer Senke liegt, wo man auch heilenden schwarzen Schlamm vorfindet, der unter Gelenksgeplagten ein offener Geheimtipp ist, kann man erahnen. Die verwunschene, unterirdische Fortsetzung der Salz- und Sinterwelt bleibt einem nur dann nicht verborgen, wenn man sie besucht. Sie bleibt ein Tipp für Regentage.

Kaum habe ich am Tisch vor der Gostilna unter der Markise Platz genommen und in die Speisekarte geschaut, wird der Gaumen auch schon wässrig. Hier sei wärmstens empfohlen, die hausgemachten Šurlice mit zartem Rindfleisch im Saft, also Gulasch, zu bestellen. Surlice, das sind handgeschupfte Nudeln, längliche, spitz zulaufende Teigwuzeln, die hier eine lange Tradition und immer zu Hochzeiten ihren speziellen Auftritt haben. Sie werden in diesem Haus auch auf Wunsch mit Meerestieren zubereitet, die Variante macht sich besser zum weißen Žlahtina, die erste eher zum roten Plavac.

LAMMKOTELETTS MIT ŠURLICE

Zutaten:
1 kg Lammkoteletts
1 El Olivenöl
1 Birne, ca 200 g
100 g Chicorée und Radicchio
Knoblauch, Lorbeer, Salbei und/oder Rosmarin nach Wahl
Meersalz und Pfeffer
500 g Mehl
2 Eigelb
5 cl Öl
125 ml Wasser
100 g Schafkäse

Zubereitung:
Die Koteletts in Olivenöl, Knoblauch, Kräutern, Meersalz und Pfeffer marinieren, also mehrmals wenden. Daneben werden inzwischen die Šurlice hergestellt.
Dazu Mehl und Öl in kochendem Wasser gut verrühren, dann das Eigelb dazugeben und vermengen. Die Masse zu einem Teig kneten und ausrollen. Diese Rolle danach in 100-g-Scheiben schneiden, diese um eine Stricknadel zu 6 bis 8 cm langen Nockerln formen, sie aus der gewickelten Form herausziehen, sodass eine hohle Röhre zurückbleibt. Die Šurlice je nach Feuchtigkeit 2 bis 10 Minuten in Salzwasser kochen, kurz kalt abschrecken und mit geriebenem Schafkäse bestreuen.
Die Lammkoteletts aus der Marinade heben und in erhitzter Pfanne scharf anbraten, dann auf kleiner Flamme so lange ziehen lassen, bis sie innen zartrosa sind.
Die mit der Marinade beträufelten Chicorée- und Radicchioblätter auf einem Teller platzieren und mit Birnenschnitzen versehen. Mit den Koteletts Šurlice servieren.

Dobrinj: Altes Haus neu adaptiert als Museum für bildende Kunst

Das Gebäude vor der Kirche mit seinen großen Fenstern weist mit einem auffälligen Werbebanner auf eine Kunstausstellung einer Wiener Galerie hin. Hier wird jungen kroatischen Künstlern eine erste Chance gegeben, denn Namen, die man hier liest, könnte man später auch in Wien wiederfinden, sozusagen eine Talentschmiede auf neuen Wegen. Und gegenüber – ein altes Haus in sehr ansprechendem Zustand – ist ein Museum. Es ist kein Heimatmuseum im eigentlichen Sinne, es birgt eine ungeheure Vielfalt kroatischer Kunst, von der nur wenig über die Grenzen hinaus bekannt ist. Die kroatische Moderne, vom Jugendstil bis in die Gegenwart hinein, bietet dort ein überraschendes Kunstpanorama, von Zeichnungen, Aquarellen, Fotografien über Skulpturen und Glasmalereien bis zu Ölbildern. Ein erstaunlicher Einblick in die heimische Szene und ihre Geschichte durch professionell beigegebene Texttafeln, die modern und sehr informativ die Hängung komplettieren. Ein Beispiel wirklich gelungener Adaption der Innenarchitektur, von alten Stuben mit ehemaliger Küche samt bäuerlichem Kamin sowie einem Raum mit offener Treppe aus hellem Holz und Glas, das Schule machen sollte, um den Künsten der ländlichen Abgeschiedenheit zusätzliche Attraktivität zu verleihen.

In der Bucht von Punat: Klosterkreuzgang auf der Insel Košljun

Für das Beobachten der Tierwelt und seiner ausgefallenen Exemplare dieser Region würde man gerne zum Ornithologen oder Zoologen werden. Doch auch als Wanderer oder Radfahrer kann man auf Krk sein Refugium und Überraschungen finden. Immerhin wurden 1300 Pflanzen-, 220 Vogel- und 852 Schmetterlingsarten registriert. Die „Adler" von Krk sind Geier, Gänse- und Weißbartgeier, die ihre Horste zum Beispiel auf der Baška vorgelagerten menschenleeren Insel Prvić haben und weite Kreise ziehen, um nach Kleinwild und verletzten Schafen Ausschau zu halten.

Aus dieser harmlosen, abseitigen Hügellage mit vorwiegend dichtem Buschwerk, kleinen Baumgruppen alter Riesen, einigen wilden Wiesen und wenigen landwirtschaftlichen Kulturen kommt man über die seicht kurvige Landstraße zurück auf die 29, die die Nord- und Südspitzen Krks verbindet. Alle Zufahrten zu den Siedlungen gehen von ihr ab. Aus Dobrinj und Kras jetzt hier angelangt, fällt der weite Hügelrücken des nahen, höchsten Gipfels Obzova (569 m) vorn bei Punat zur Adria hinab. Auch er ist grün. Inzwischen ist aber ein Großteil der wilden Macchie gerodet und neu mit Oliven-Plantagen kultiviert worden. Man besinnt sich wieder auf dieses alte

Dieser Olivenölmahlstein steht als Artefakt der Gegend auf Košljun.

Gold und mischt sehr erfolgreich mit der hiesigen Sorte auf dem internationalen Markt mit.

Vor einem liegt also Punat, leicht an seiner wirklich großen Marina mit Hunderten von Jachten und Segelbooten zu erkennen, die vor Ort an ihren Stegen in der Bucht wie an einem See liegen. Diese Bucht ist überschaubar groß, hat in etwa die Form eines Kürbisses, ist rund, aber etwas ausgebeult. Der Meereszugang kann dementsprechend mit dem Stängel verglichen werden. Etwa in der Mitte des Blau liegt eine grüne Insel, Košljun, auf der nur ein quadratisches Hauptgebäude mit Nebenanbauten und Kirche hervorstechen, das Kloster, in dem drei Mönche leben und neben dem musealen Erbe der Brüder und der Region auch die glagolitische Schrift pflegen. Diese Schrift, die in ihrer runden, ornamentalen Kryptografie Elemente aus pharaonischer und kaukasischer Zeit vermuten lässt, ist eine eigenständige Sprache. Sie existiert neben der kyrillischen, griechischen und lateinischen Schrift und hat viel zur Identität der Kroaten beigetragen. Trotzdem, sie ist seit über hundert Jahren aus dem Rennen. Im Fin de Siècle wurde das letzte kirchenslawische Messbuch gedruckt.

Erst 1851 hatte man, wie bereits geschildert, das erste glagolitischen Alphabet auf einem Stein als wesentliches Dokument eines frühen Kroatien entdeckt. Ein in Stein gemeißelter Beleg. Allein dieser Fund war ein so wichtiger Hinweis, dass er seine erste und einzige Behausung, die kleine romanische Klosterkirche in Jurandvor nahe Baška verlassen musste, um in der Akademie für Wissenschaft und Kunst in Zagreb weiterzuexistieren. Der Originalplatz wurde 2002 mit einer sehr echt wirkenden Kopie ausgestattet und seine echte Heimstatt mit einer behutsamen Renovierung geehrt. Sveta Lucija strahlt still und schlicht. Sie lässt sich geduldig von immer mehr interessierten Menschen besuchen und damit bescheiden feiern. In den nebenstehenden ehemaligen Klostergebäuden ist eine Dokumentation zu sehen, die auch einen im Stile eines Fantasy-Streifens inszenierten Film über die Zeit von König Zvonomir, dessen Nachlass dieser Stein ist, bietet. Er war einer der letzten Könige des gesamten ethnischen Kroatien des Mittelalters. Er stiftete diese Kapelle nach seiner Krönung 1075 durch einen Abgesandten von Papst Gregor IV. aus Rom, dem er auch seine Dienste gegen die Seldschuken auf dem Amselfeld, südlich seines Regierungssitzes Knin, anbot und dabei 1089 überraschend starb.

Zwölf bis zu sieben Meter hohe glagolitische Buchstaben aus hellem Sandstein weisen seit 2006 den Pfad, einen Wanderweg, der von der Höhe des nahen Bergs Obzova durch die Wald- und Felsenlandschaft des Tals Draga Bašćanska zum Meer führt. Eine Art Pilgerweg also, der sich steigender Beliebtheit erfreut. Es geht zudem gänzlich bergab, man wandert leicht und oft in Sichtweite des funkelnden Wassers der Südspitze Krks mit der malerischen, unbewohnten Insel Prvić in etwa 10 Kilometern Entfernung durch wildromantische Natur. Ein etwas älteres Pfad-Vorbild mit glagolitischen Stelen gibt es seit 1976 in Istrien bei Roč. Die Besinnung auf diese bildhaften Lettern ist ein Erinnern an Vergangenes und gleichzeitig eine Bereicherung der Gegenwart. Jeder, der sie mit eigenen Augen sieht, ist fasziniert, und diese Faszination wirft Fragen zur Geschichte

A wie Anfang: „Der Weg der glagolitischen Lettern" auf der Passhöhe des Obzova

des Gastlandes auf, der man so mit viel Neugier und Offenheit begegnen kann, um zu einem tieferem Verständnis der Kroaten zu gelangen.

Vom Scheitelpunkt des kleinen Passes führt auch die Straße hinab in dieses malerische Tal bis zum Endpunkt nach Baška. Die Vegetation zwischen den beiden Bergketten im Osten und Westen mit dem ganz im Hintergrund schimmernden Meer vor dem schattenhaften Velebitrücken lässt eine völlig andere Optik zu als der große Rest der Insel. Man könnte sich nach Brasilien oder in Teile Afrikas versetzt fühlen, wenn man nicht wüsste, wo man sich befindet. Beim Hindurchschlängeln durch die Kiefern, Nussbäume und Büsche auf der 29, gibt es einige Kehren mit immer wieder herrlichen Ausblicken. Vorbei geht's an der Quelle, die den Baška-Fluss entspringen lässt und bei der sich gerade Leute erfrischen. Danach rauscht rechts hinter Zweigen glitzernd der kleine wilde Wasserfall, bald steht folgerichtig irgendwo auch ein Imker, der seinen ausgezeichneten Wildblütenhonig anbietet. Etwas weiter überquert man zweimal das Flüsschen, das bei dem karstigen Untergrund nur in der Wintersaison und bei großen Regenfällen wirklich Wasser führt. Die Ortsdurchfahrt von Draga Baščanska, die nach einer weiteren Kurve plötzlich beginnt, sollte im angegeben Tempolimit genommen werden, denn es gibt keine Trottoirs, und bei Gegenverkehr ist Ausweichen nicht möglich. Der echte Engpass folgt erst in der Mitte des Straßendorfes, eine Kapelle steht mitten im Weg und lässt nur eine Fahrspur zu. Es ist also Vorsicht angebracht. Von nun an wird aber das namensgebende Gewässer Begleiter und man folgt seinem Lauf bis zur langen geraden Ausfahrt nach Jurandvor. Aufgepasst, wer bei möglicher Verlockung seinem Ziel wieder rascher entgegenkommen will, hier gibt es neuerdings ein Interieur der Moderne, ein Radarkästchen am Mast, das in beide Richtungen drehbar ist. Die EU-Mitgliedschaft macht das Einheben von Übertretungsgebühren inzwischen überall möglich, wenn nicht nach der nächsten Kurve schon bar kassiert wird. In Jurandvor angekommen, sollte man den ausgeschilderten Abstecher zur heiligen Lucia nicht verpassen. Der Hinweis nach links steht, wenn es rechts nach Batomalj geht. Am Ende der kurzen Straße liegt sie vor einem, die kleine romanische Kirche mit dem gedrungenen Turm. Vorn über dem Eingang am Schiff schimmert sie leicht rötlich, ansonsten ist sie grau und wartet seit nunmehr gut 1000 Jahren still und frohen Mutes auf Gläubige. Rechts der Friedhof, links eine Rasenfläche, auf der vielleicht früher andere Gebäude gestanden sein mögen, liegt ein altes, hergerichtetes Haus des alten Klosters, das heute Informationssaal ist. Die Kasse mit Shop liegt unten in einem kleinen bewaldeten Park. Geht man durch den Turmeingang, steht man in einer schlichten Kapelle, zu beiden Seiten je ein kleines Fenster auf den hohen Wänden mit farbigem Glas. Gedämpftes, aber sehr bewusst fokussiertes Licht, das die kleine Madonna auf halber Höhe und die glagolitische Botschaft unten etwas hervorhebt. Vor den Sitzreihen eine Freifläche aus alten Steinquadern, von der halbrunden Apsis durch eine brusthohe Mauer abgetrennt. Deren linke Seite wird gänzlich durch den Schriftstein, die Tafel von Baška, gebildet, die rechte neben dem Durchgang ist eine schlichte Steinmauer. Rechts liegt noch eine kleinere Seitenkapelle mit Altar. Ein andächtiger Moment.

Warum aber heißt sie „die Tafel von Baška“? Hier ist doch Jurandvor. Nun – vermutlich weil Baška eine ältere Siedlung ist und Santa Lucia damals als Kloster drei Kilometer auf freiem Feld davor errichtet wurde. Heute ist diese Tafel, der Stolz der Nation, zur Werbetafel Kroatiens geworden. Sie wird in verschiedenen Größen nachgegossen und als Souvenir verkauft und in fast allen Broschüren gezeigt oder zumindest erwähnt.

Die Hauptader durch den lauschig in der Bucht liegenden Fischerort Baška, am Ende der 29, heißt Ulica Zvonomira nach dem letzten König, der mit seiner Inschrift auch den Ort früh verewigt hat. Ob er aber tatsächlich auf eine griechische, römische oder venezianische Gründung zurückgeht, spielt keine große Rolle. Einige Belege deuten zumindest auf frühe illyrische Ursprünge hin. Die wunderschöne, geschützte Bucht legt schon allein ihrer Schönheit wegen als Niederlassung frühe Entdecker nahe. Die vielen Neubauten samt einem hohen Hotelklotz am rechten Rand täuschen den Neuankömmling leicht über die ursprüngliche, malerische Ansammlung der

In der Bucht von Baška enden alle Straßen und der Badespaß beginnt.

verwinkelt angelegten Häuser, die die Altstadt bilden, hinweg. Auch die Politik Jugoslawiens hat seinerzeit auf den historischen Faktor für Fremdenverkehr keinen so gesteigerten Wert gelegt, um einen sichtbaren Kunstschatz zu diesem Thema zu retten, wenn sie die Fläche für den Hotelbau umgewidmet hätte. Unter dem Corinthia-Hotel soll sich ein großes griechisches Mosaik befunden haben, dummerweise auf einer der schönsten Bauflächen in dieser kleinen Bucht. Aber das haben sicher auch die Vorfahren, die Mosaikstifter, vor Jahrhunderten gewusst und deshalb dort einen Palast, ein Bad oder eine Kultstätte errichtet. Neben diesem neuzeitlichen Schlaftempel in pragmatischem Baustil aus sozialistischer Zeit hat allein ein winziges Stück Mosaik vor der ganz kleinen St.-Marko-Kapelle in unmittelbarer Nachbarschaft überdauert. Doch immerhin: Das Hotel spielt alle Stückerln. Es gibt Zimmer und Suiten in vier Stockwerken, fast alle mit Meer- und Weitblick, Voll- und Halbpension, einen Wellnessbereich, Pedi- und Maniküre, Innenpool und Tennisplätze zu günstigen Preisen.

Als all das noch lange nicht vorhanden war, als die ganze Bucht ein natürliches, unbewohntes Halbrund mit dem Blick auf die kleine malerische Altstadt der Fischer war, Mitte des 19. Jahrhunderts, wurde hier eine flache Strandvilla gebaut. Die Annalen sprechen von einem Liebesnest, das eine russische Prinzessin errichten ließ, um sich mit ihrem Liebhaber frei von den Zwängen der Etikette hierher per Kutsche zurückziehen zu können. Wahrheit oder Legende? In jedem Fall gut erfunden. Der Bau ist als das Lokal „Galeb“ am Strand für jeden offen.

Die Uferstraße, auch Palada genannt, beginnt dort als Vela Placa, ist wie die Ulica Zvonomira zur Altstadt ausschließlich Fußgängerzone. Man schlendert an modernen Läden vorbei, an Restaurants und Cafés sowie durch ein fast endloses Spalier von bunten Ständen, die wie im Basar kaum einen Wunsch offen lassen. Dort bekommt man alles, was ein Sommerfrischler

Hofmusiker von Baška: Stane und Denis beleben mit Blues und Liedern.

für sich und seine Kinder am Strand so braucht – oder auch nicht braucht. Jedenfalls befindet man sich am längsten und breitesten Strand des Landes. Es gibt für fast jeden Geschmack etwas. Da sind Umkleidekabinen, Sonnenschirme, Liegen, ein Campingplatz, bunte Spiellandschaften an Land und zu Wasser, es ist für die Ausrüstung von Scooter-, Surf- sowie Paragliding-freunden gesorgt, es gibt eine Sonnenplattform im Meer und natürlich Bars mit Live-Musik am Abend. Eine elektrische Eisenbahn aus Kunststoff besorgt die Spazierfahrt entlang der Adria auf der Palada bis zur Endstation, wo der Hafenzugang für Bootsbesitzer liegt.

Hier, im malerischen alten Fischerhafen Baška vor der bunten, unregelmäßigen alten Häuserzeile, erkennt man den Reiz, der den Ruf dieser Gegend begründet. Das Panorama dieses am Südzipfel Krks beliebten Örtchens zeigt sich angeschmiegt an das Halbrund des Talschlusses zwischen den beiden Bergflanken wie ein natürliches Amphitheater mit einem kurzen, festen gelblichen Kirchturm über einer verschachtelten, gewachsenen Dachlandschaft – bilderbuchartig. Die vor den Hausfassaden vorbeiführende Palada, gesäumt von dunkelgrünen Klebsamenbäumen, die knorrig immergrün sind und im Frühjahr weiß blühen und dabei starken Duft nach Orangen versprühen, bilden die Linie zwischen Heimat und Hafen. Wenn man die davorliegenden farbigen, kleinen Fischerboote dümpeln sieht, versteht man, was Harmonie bedeutet und warum es die Seefahrer immer wieder hierher zurückzog und immer noch zieht. Etliche der 900 Einheimischen waren auf großer Fahrt. Cargo-, Container- und Kreuzfahrtschiffe haben sie in die ganze Welt gebracht und doch führen sie hier lieber ihr freies, bescheidenes Familienleben weiter.

Innerorts führt einen der Weg von der Straße immer weiter, vorbei an Freiluftcafés, kleinen Marktständen, dem Metzger, an Aussichtsterrassen und der alten Kirche, in die mehr und mehr verwinkelten Gassen und man findet sich dann fast wie von selbst am Hauptkai für Tourenschiffe und Besucherjachten auf der Palada im Hafen wieder. Abseits, auf dem zweiten der kleineren Bootsanleger mit all den Stellplätzen angekommen, steht man am Ende vor der Windrose mit großem Omega-Zeichen in Stein, dem Abschluss des glagolitischen Pfades, auch wenn man dies hier mit griechischen und lateinischen Buchstaben verbindet. Immer noch gelten Seefahrerregeln, ganz im Geiste Bruder Methods und seiner Methode der Schriftmischung.

Wer jetzt einkehrt, der hat sich schnell eingelebt. Wenn die Sonne scheint, tut sie das recht lang, bis der Bergrücken sie zwangsläufig doch etwas vorzeitig untergehen lässt. Aber die einfachen, guten Speisen sind, in der Abenddämmerung genossen, noch einmal so gut, der spritzige Žlahtina, die fruchtigeren Malvazija, Grasevina oder einer der trockenen, roten Teran-Sorten tun ihr Übriges, und wer bereits ein Zimmer reserviert hat, kann es in der Nacht spät werden lassen. In den Sommermonaten werden häufig Open-Air-Konzerte auf Bühnen im Hafen geboten, ansonsten betört die autofreie Stadt mit der Ruhe natürlichen Lichtspiels am Himmel und im Wasser, mit weißen Segeln, Fischerbooten und Leuchtfeuern vor der großen Mole.

Dieser schützende künstliche Wall gegen starke Wogen und Winde vor allem im Winter sei als eine der letzten Taten Kaiser Franz Josephs erwähnt. Durch seine Unterschrift auf ein entsprechendes Ansuchen wurde die teure Anlage dauerhafter Retter vieler Häuser an der Palada, die Jahr für Jahr schwere Schäden durch meterhohe Wellen erlitten.

Nahe Badegelegenheiten gibt es jede Menge. Die Wasserqualität ist im Kvarner wie auf Istrien prächtig, klar, salzig und warm. Je nach Witterung wird oft noch bis November geschwommen. Außer am Strand in der neuen Stadt finden sich entlang der Palada fast durchgehend kleine, unterschiedliche Badebuchten aus Kies, Sand und Felsen, gleich nach dem Hafen ist ein sehr netter Kieselstrand hinter einer kleinen Mauer an der Straße. Wer nach Nacktbadestränden exklusiven Service bei Badepausen oder entlegenen Naturbadebuchten sucht, dem sei das Weitergehen nach Osten über die Uferstraße Kricin empfohlen. Ich gehe so weit in die schöne Ufer-Sackgasse hinein, bis ich den Parkplatz passiert und den vor mir ansteigenden Teil bis zur Aussicht auf die nächste Bucht erreicht

Die Stadtstrände in Baška bieten die besten Bedingungen in der Nebensaison.

habe. Diese Verlängerung dauert zu Fuß kaum zehn Minuten. Unter mir tut sich eine wunderschöne Strandbucht auf. Es ist der Seezugang zum links am Hang befindlichen Campingplatz Bunculuka, der fast völlig unter den großen Pinien versteckt liegt. Dieses Idyll ist sehr beliebt, kostet in den Sommermonaten etwas Eintritt, man kann Liegen unter Strohschirmen mieten und auf den Terrassen unter weißen Sonnensegeln an der Bar oder an Tischen sitzen, aus der den Appetit sehr anregenden Speisekarte wählen oder sich professionell massieren lassen.

In der Gastronomie reicht es, leicht bekleidet zu sein, ansonsten wird hier ausschließlich FKK gepflegt. Fotografieren ist stets unerwünscht. Jedem, dem das zu strikt und im Juli/August auch zu voll ist, der sollte ein bisschen weiterwandern, um sich in den nächsten, kleineren Buchten einen Platz zu suchen und dort ins paradiesische Wasser zu springen, denn ab dort ist alles erlaubt. Wen es aber weiter um die nächsten Ecken und Felsen oder gar zum Horizont auf eine andere Insel ziehen sollte, der miete sich ein Boot im Hafen oder nehme eins der Boottaxis, die am großen Kai zu haben sind. Eine Tour lohnt immer. Man muss seine sieben Sachen nicht tragen, denn alle anderen Buchten sind sonst nur wandernd zu erreichen, Straßen oder Radwege gibt es hier nicht.

Zum Beispiel die Vela luka, ein langer Fjord, ist nur durch einen zweistündigen Fußmarsch über Stock und Stein, Felsschluchten und Hochebenen zu erreichen, ein herrliches Naturerlebnis mit schönen Ausblicken und Begegnungen mit Schafen. Der Hitze sollte mit genügend Trinkwasser, den Steinen mit gutem Schuhwerk getrotzt werden. Eine Strecke mit dem Taxi-Boot braucht etwa 20 Minuten. Dort angekommen, findet man eine kleine Fischerhütte mit beschatteter Terrasse als Gasthaus vor. Getränke und bodenständige Kost sowie Meeresfrüchtegerichte können die einmalig schöne, pure Naturszenerie noch toppen. Aber wem das immer noch nicht genug ist,

Nur Sonne, Meer und die unbewohnte Insel Prvić

der gehe weiter durch die Gräser und Disteln zur nächsten Kuppe und suche die flachen Gewässer von Mali Luka hinter den alten Gromače, den Schafmauern aus Karststeinen auf. Dort gibt es nur hin und wieder einen kleinen Stand für Getränke, ansonsten aber den Blick über den Velebit-Kanal zum Festland bei Senj mit seiner Frankopanen-Festung Nehaj. Alles weitere Wandern und Klettern an der felsigen Nordost-Küste versagt ein Nationalparkgesetz, das auch hier die Brut der Weißbartgeier in deren Horsten schützt.

Die tapferen Mönche der Insel Košljun (bei Punat) von heute, die die glagolitische Schrift weiter am Leben erhalten, sind gelassen und froh, dass sie auf der zauberhaften Insel mit ihrer idealen Lage in Ruhe und sicher leben dürfen. Dass sie, von mediterranem Licht und Düften aus dem sie umgebenden wilden Park, weiter ihren Studien nachgehen können. Dass so viele Neugierige per Wassertaxi vom nahen Punat zu ihnen hinübergespült werden, erhält ihnen ihre Idylle auf Zeit. Allein die Nachfolge bei Aufrechterhaltung der zölibatären Gesetze bleibt eine offene Frage. Was wird wohl in den kommenden Jahren und Jahrzehnten aus diesem Fleckchen Erde werden?

Hier in Punat, diesem so windgeschütztem Seefahrerrefugium, lebt man heute vor allem von den Freizeitkapitänen aus

Deutschland, Österreich, Polen und natürlich auch Einheimischen. Die Marina mit ihren Reihen an Liegeplätzen hat einen Klub mit Bar und Restaurant zwischen den aufgedockten Familienjachten und Werftwerkstätten. Gegenüber der Straße, die in die Ortsmitte führt und einige Kilometer weiter in Stara Baška an der Küste endet, findet sich ein Lebensmittellagerhaus, das eine wunderbare Küche hat und draußen auf der alten, überdachten Laderampe herrliche Speisen mit örtlichem Olivenöl und heimischen Weinen zu sehr bodenständigen Preisen anbietet. Auch im Ort selbst finden sich einfache Lokale mit den schaukelnden Booten und Rundfahrtschiffen vor Augen. Wer hier Lust bekommt, zur See zu fahren, sich einen alten Traum erfüllen möchte, dem wird die Hemmschwelle leicht genommen. Einen Bootslehrgang und Segelscheinkurs, auch auf Deutsch, mit Praxiserfahrung zu buchen, ist einfach. Nur Zeit sollte man mitbringen. Die Boote, Surfbretter, kleinen Jollen lassen sich mieten, Segel- und Motorjachten können für alle Zwecke gechartert werden. Ihre Besitzer nutzen sie doch nur selten – da wäre am Ende die Liegezeit teurer als ihre wenigen Ausfahrten.

Die Hauptstadt Krk liegt nur um die Ecke. Sie ist von dort aus nicht zu sehen, aber schnell erreicht. Per Boot fährt man hinter die mit Pinien bepflanzte Landzunge, auf der sich ein schöner Campingplatz versteckt, oder über die Straße zurück bis zur 29 am Kreisverkehr, bei der kleinen vorromanischen Kapelle Sveti Dunat (Sankt Donat). Sie steht nackt, also ohne jeden Rest von Putz und Ausstattung, dort, in ihrer ursprünglichen Form, tapfer, einem Wächter gleich zwischen schlanken, hohen Zypressen neben dem Straßenrand am Ufer. Sie hat sich sicher nie diese Art und Menge an Verkehr erträumt, die sie stoisch erträgt. Sie ist nicht schön, aber irgendwie anmutig und sie trotzt inzwischen seit 1200 Jahren ihrem Schicksal.

Die Landschaft entlang der Bucht zwischen Kornić am Hang, wo der dort hergestellte Schafkäse es zu erheblicher

Bekanntheit gebracht hat, und Krk berührt durch ihre wilden Olivenhaine und Feigenbäume, die alten Steinmauern und die vielen Schafe auf den ungemähten Grasflächen. Silbrig wogen die Laubkronen der Bäume in der Meeresluft und erhöhen im Vorbeifahren die mediterrane Stimmung.

Die seefahrenden Römer haben diese Stadt bereits so sehr gelobt, als sie noch gar nicht bestand; allein durch Visionen, angespornt durch die reiche Natur und die Schutz spendende Lage dieser spitzen Bucht mit Fernblick, müssen das die Garanten ihrer Bezeichnung „die strahlendste Stadt der Krker“ gewesen sein. Erste Siedler waren die lapoden, ein Stamm aus griechisch-illyrischer Zeit, und so geht wohl auch deren Name auf diese Epoche zurück wie die Schöpfung Kuriks. Aber eine städtische Bebauung ist nicht überliefert. Römische Spuren sind heute nur noch im nördlicheren Nijvice nachweisbar. Trotz wechselnder Eroberer waren es die Seefahrer und Piraten, die sich Frankopanen nannten. Sie wurden hier auf der Insel nicht nur von Kroatien in den Fürstenstand erhoben, sondern sie haben ab 1191 n. Chr. diese auch mit Befestigungen ausgestattet und fast fünf Jahrhunderte verteidigt. Die lange Stadtmauer bis hinunter zum Hafen, wo sie an der Burg endet, zeugt noch heute eindrucksvoll von ihren Bemühungen, ihre Macht zu erhalten, auf die sie stolz waren. Der kroatisch-ungarische König Bela II. überließ ihnen mit dem Adelsprädikat etliche Burgen samt anschließenden Ländereinen, die sie reich machten

Der große Gerichtsturm am Hafen von Krk war deren erster großer Bau, der heute noch das Stadtbild prägt. Seit der Bedrohung durch die über den Velebit einfallenden Osmanen hatte man mit Wien zusammengearbeitet und mit der Festung von Senj als Außengrenze des Habsburgerreichs diese mit den verbündeten dorthin geflohenen Uskoken verteidigt. Deren weiterführende Autonomieversuche wurden als Ungehorsam gegen die Autorität Wiens aber nicht mehr geduldet.

Das Kastell der Stadt Krk wurde samt der angrenzenden Kirche mit seinem hohen Campanile bis 1480 fertig, bevor dann die Venezianer sich der Insel bemächtigten und das gleich einmal durch die Löwenreliefs, die sie auch an den Türmen anbrachten, bezeugten. Auch der Uhrturm am Hauptplatz mit den beiden schönen Brunnen lässt einen selbst noch heute ein wenig in der Lagunenstadt wähnen. All diese vermischten Baustile von Sarazenen, der Gotik und Renaissance vermitteln ein harmonisches, lebendiges Gefühl des Altertums. Die inzwischen entdeckten ältesten Wurzeln vergangener Kulturen liefern Ausgrabungen unter Gebäuden am Hauptplatz, die bis ins Kastell führen. Diese Katakomben sind für die Öffentlichkeit heute gleichzeitig das sehr verwinkeltes Lokal Volsonis innerhalb antiker, freigelegter Mauern und ein Museum mit Vitrinen von Fundstücken wie Münzen und Keramikgefäßen, die neben dem Billardtisch beim Restaurantbesuch betrachtet werden können. Findet man entlang der unterirdischen Räume in den Garten hinten hinaus, kommt man bei den Kastell-Innenhöfen wieder ans Tageslicht. Unter Mauervorsprüngen und Feigenbäumen sitzen Gruppen junger Leute bei Rock- und Popmusik auf Terrassen im Garten und genießen die Atmosphäre.

Abends bei Fackelschein taucht man dann noch tiefer ins Mittelalter ein. Nur DJs sorgen für Halt im Jetzt. Der Seitenausgang zur Fußgängerzone am Hafen ist eine Bruchstelle der doppelten Mauer und versetzt einen in die Wirklichkeit der damaligen Burgwächter, die in diesem Gang ihren Dienst taten. Heute halten diese einstürzenden Altbauten die auf ihnen wachsenden Bäume und Glyzinien zusammen. Es bleibt ein pittoresker Anblick der Symbiose von Altertum und Neuzeit mitten in der Altstadt von Krk.

Adressen-Auswahl

Volsonis
Vela Palca 8, 51500 Krk, Tel.: +385 51 880 249
Bar und Restaurant im echt antiken Ambiente zwischen Hauptplatz und Festungsmauer am Hafen.

Pirun
Palada 92, 51523 Baška, Tel.: +385 91 933 4950
Gastwirt Zeljko betreibt ein kleines Terrassen-Lokal am Ende aller Straßen im Süden der Insel. Jeden Donnerstag gibt es Lamm vom Grill. Voranmeldung empfohlen.

Maretta
Palada ulica 50, 51523 Baška, Tel.: +385 91 5534493

Café Mala Riva
Palada ulica 25, 51523 Baška

Robert Stojanovic liegt mit seinem Bistro **Francesca** versteckt in einer kleinen Gasse, die per Hinweis von der Zvonimirova ulica 56 abgeht. Es gibt exklusive Gerichte nach Wahl und man bekommt nach einem Aperativ, egal wo man ihn einnehmen will, die Nachricht auf sein Handy, dass der Tisch gedeckt ist.
Zvonimirova ulica 56, 51523 Baška, mobil +385 99 654 75 38
roby.francesca@gmail.com, www.bistrofrancesca.com

Malin Grill
Batomalj 54, 51523 Baška, Tel.: +385 51 856 276

Zora
Dobrinj, Tel.: +385 51 848 250

Kennedy
Dobrinj, Tel.: +385 51 848 129

Hotel Tamaris
Emila Geistlicha 54 b, 51523 Baška, Tel.: +385 51 864 200
www.Baška-tamaris.com

Galerie Infeld
Anfang des 20. Jahrhunderts war das Haus des Seefahrers Franjo Vušković eine der beliebtesten Attraktionen. Von außen lenkte das Haus wegen des Baustils und der bunten Fassade die Aufmerksamkeit auf sich. Von innen konnte man interessante Klänge hören, bei denen sich Töne der Musik vom Schallplattenspieler mit Tönen eines singenden Papageis vermischten. Diesen hatte Franjo Vušković von einer Reise mit nach Hause gebracht. Neunzig Jahre später ließ einer der größten internationalen Kunstsammler die Fassade des Hauses authentisch restaurieren, vergrößerte den Innenbereich auf über 400 m^2. Dank Peter Infeld, der in der Zwischenzeit verstorben ist, zieht die Schönheit der „Dobrinjer Dame" erneut die Blicke von immer mehr Besuchern auf sich.
www.tzo-dobrinj.hr

Der **Weinbau** auf der Insel Krk hat seine lange Geschichte bis ins Heute gerettet und kultiviert ihn zunehmend in neue Höhen. Auch wenn die Hänge nur zwischen 50 und 250 Meter hoch sind, der ursprüngliche Anbau geschah bereits durch die illyrischen Liburner nachweislich im 18. Jahrhundert und man produzierte fast dreimal so viel Liter Wein wie heute. Anfang des 20. Jahrhunderts waren noch 4500 Hektar Fläche bewirtschaftet, die heute auf 15 Hektar geschrumpft sind. Dort hat sich die einmalige Sorte, der Žlahtina, bis heute trotz Reblaus-Katastrophe gehalten. Es wurde nicht nur privat fleißig gewinzert, sondern vor allem Zweige der Familie Katunar in Vrbnik wirtschaften

mit den Reben unterschiedlicher Sorten. Auf den wieder bewirtschafteten Hängen im idealen Mikroklima des Baška-Tals, nahe der Kirche der heiligen Lucia, wo die für Kroatien so wichtige tausendjährige Schrifttafel steht, die bereits den Wein erwähnte, sorgen die Winzer aus Vrbnik für hochqualitativen Nachschub. Hier reift die Grundlage für diese heimische Sorte für weißen und Rosé-Žlahtina sowie für den Sekt durch Flaschengärung.
www.katunar.hr
www.kucavina-ivankatunar.com
www.croariva.com
www.gospoja.hr
www.nada-vrbnik.hr
www.Baška.hr

Baška, Wanderweg **Weg zum Mond** (ca. 7,5 km/3 h)

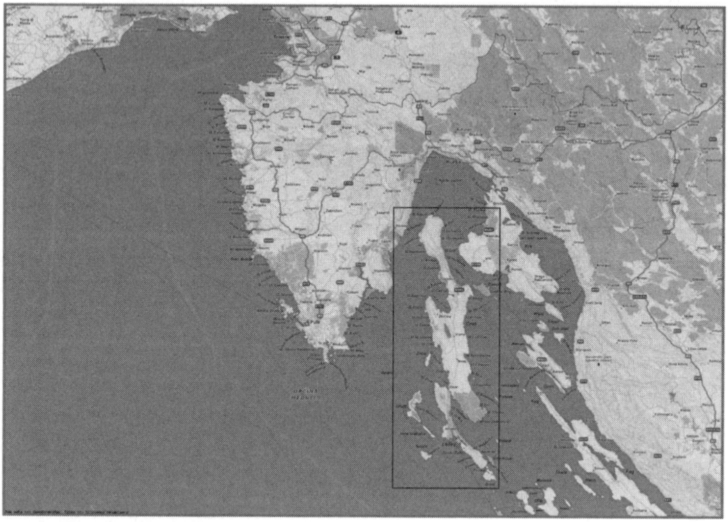

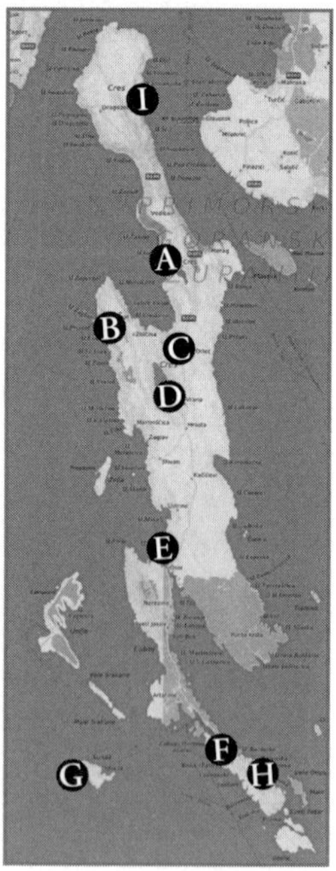

A Cres, venezianische Altstadt
mit Löwentor und Dom
B Lubenice und Valun-Bucht
C Konoba Bukaleta,
bester Grill am Land
D Das Seewunder von Vrata
E Osor, Skulpturen und
der Kanal des Odysseus
F Mali Lošinj,
Habsburger Flair in der Čikat-Bucht
G Eigensinnige Sandinsel Susak
H Veli Lošinj, Piratenunterschlupf
I Die Geier-Retter von Beli

07 Insel-Hopping entlang der Straße des Scampis

Die Doppelinsel Cres Lošinj

Das Fährschiff legt in Valbiska ab, einer Bucht, die einige Kilometer nordwestlich von Krk liegt. Dieser Ort besteht nur aus einer Kasse der Reederei, einer Tankstelle und einer Konditorei vor den Anlegerampen. Erreichen kann man diese nur mit dem Wagen, dem Bus oder dem Fahrrad, ja auch per pedes, aber die etwa 25 Kilometer müssen rechtzeitig angegangen werden, denn eine Übernachtungsmöglichkeit gibt es dort nicht. Sollte man einige Zeit warten müssen, bis der pendelnde Dampfer da ist, wäre ein Stück Torte in der Konditorei empfehlenswert, manch einer fährt allein für die Kardinalschnitte hierher. Mit etwas Glück sind überraschend muntere Delfine in der Bucht zu beobachten und vertreiben einem staunend die Zeit. Mit dem Schiff geht es dann vorbei an dem kleinen, verlassenen Eiland Plavnik, deren einzige Bewohner 1945 zurück nach Italien gegangen sind, der Zweite Weltkrieg war vorbei – sie waren hier die Grenzhüter der damaligen Besatzer.

Man gelangt schnell auf Cres im häuserlosen Merag an. Der Sprung über das „Mittlere Tor" (Srednja Vrata) des Kvarner wäre damit geschafft. Diese nahe Insel wirkt hoch und dunkel, hat Grate bis zu 650 Meter hoch. Der steile Gebirgszug Richtung Istrien wirkt gewaltig, er ist nur spärlich bewaldet,

In der alten Stadt Cres: ein Denkmal für ihren Philosphen Frane Petrić

es gibt kaum Siedlungen und es ist keine Infrastruktur zu sehen – die Gipfelkette wirkt aus der Seehöhe besonders schroff. Die Straße, die einen in weiten Spiralen hinauf durch die naturbelassenen Hänge leitet, endet nach etwa 10 Kilometern an der Insel-Magistrale, die die fast 80 Kilometer von Porozina nach Veli Lošinj verbindet, damit auch die Doppelinsel Cres-Lošinj. Es wird eine Durchfahrt wildromantischer, sehr abwechslungsreicher Natur mit einer Vielzahl von interessanten Abstechern, von denen jeder das Verweilen wert wäre. Fast automatisch zieht es mich immer nach Süden als Liebhaber des Mittelmeers und seines Flairs. Und hier geht es nahezu ausschließlich bergab Richtung Süden. Ich rolle einfach so dahin, ganz leicht, lässig und voller Glück – fühle mich so ausgeglichen. Die Nachmittagssonne scheint mir entgegen, orange glitzern hohe, wilde Gräser, die das goldene Licht tragen. Die Straße liegt zwischen alten, niedrigen Mauern eingebettet, die aus zusammengetragenen Steinen der dahinterliegenden Felder von Bauern aufgehäuft wurden, die dort ihre Schafe weiden lassen oder bescheidenen Ackerbau betreiben.

Nur einige Kilometer sanfte Kurven weiter und man biegt in die Hauptstadt ab. Cres ist Kleinst-Venedig. Es liegt unten am Wasser in einer Bucht geschützt zwischen zwei

Landzungen. Der innere Hafen für die kleinen Boote der Fischer ist durch eine Mole fast gänzlich abgeschottet. Rundherum steht eine Front vorwiegend ockerfarbener Häuser, manche auch blau, andere gelb oder grün. Das Dächermeer aus alten Ziegeln besteht meist noch aus sogenannten Nonnen und Mönchen und das schon ewig. Ein rötelfarbenes und längst vermoostes Nebeneinander.

Das eher rechteckige Hafenbecken ist Zentrum und Hauptplatz zugleich. Die Loggia, der ehemalige Gerichtsstand, steht mit seinem niedrigen Schrägdach auf frei stehenden Säulen gleich neben dem Stadttor in der Fassadenfront und leitet zum Dom über, zum kurzen Uhrturm ohne Spitze, ganz wie in Venedig – der Löwe mit Flügeln lässt keinen Zweifel aufkommen. Die engen Gassen spenden Schatten, täuschen eine ausweglos große Stadt vor, führen aber bald unweigerlich in dörflich wirkende Randzonen mit Gärten aus schönen Obstbäumen. Man sieht Kirschen und Granatäpfel über die alten Mauern hängen – kleine Gärten Eden. Im Umkreis des Zentrums, um die Boote herum, finden sich Cafés, Bäckereien und

Trockendock im Hafen von Cres mit einem Tourensegler

Esslokale. Beim kleinen Braunen, Eiscafé oder Karlovačko-Bier sitzt man ungestört unter einer Markise und genießt die Szenerie. Rechts liegt die Wohnzone, links die Öffnung zur Bucht mit den Reihen der Segelboote, die Marina und eine Art Werft mit einem kleinen Frachter. Der Seelenverkäufer wird renoviert, um die Versorgung übers Meer durchs „Große Tor" (Vela Vrata) nach Rijeka oder hinüber nach Pula weiter zu sichern. Es wird gehämmert, ansonsten sind es die Schreie der Möwen, die die Geräuschkulisse bilden. Vielleicht noch ein tuckernder Bootsmotor, sonst ertönt kein üblicher Laut einer Stadt. Es ist endlich ein Platz, der sich bestens für das Schreiben einer Postkarte eignet.

Aufzubrechen fällt schwer, aber der unbekannte weitere Verlauf der Straße macht Lust auf weitere unbekannte Entdeckungen.

Gleich nachdem man die Bucht gen Süden passiert hat, lockt eine Abzweigung nach Westen. Die Fahrt geht in Richtung Valun. Cineasten wissen es vielleicht, auch wenn man es kaum mit dieser versteckten Idylle in Verbindung bringt, aber hier war bereits James Bond auf seinen Missionen unterwegs, in einer wirklich verträumten, abseitigen alten Fischersiedlung, mit Blautönen aus Himmel und Meer. Die wenigen Einwohner, die früher im nahen Bucev wohnten, übersiedelten aber, um sich vor Seeräubern in Sicherheit zu bringen. Der Ort liegt so abgeschieden und birgt doch wichtige Zeugnisse für Kroatien; ähnlich wie auf Krk die Tafel von Baška existiert hier, in der Kirche San Marco, eine Tafel aus dem Mittelalter mit lateinischen und glagolitischen Inschriften. Um sich zu erfrischen, kann man eines der zwei Lokale wählen und etwas an der Ufermauer trinken oder abseits der Häuser um die Ecke ins glasklare, blaugrüne, dunkle Wasser springen, ein Steg macht das möglich. Ein weites Blätterdach erlaubt einen Strandaufenthalt in natürlichem Schatten, und ein kleiner Campingplatz dahinter lädt ein, länger zu bleiben.

Wen es weiterzieht, der sollte sich den anderen Abstecher, bevor es zurück auf die Hauptstraße nach Süden geht, auf die Anhöhe des Küstenrückens noch westlicher vornehmen. Auf steiniger Straße fährt man vorsichtig durch wilde Weinkulturen den immer nackter werdenden Hang hinauf, bis man dann auf einem staubigen Parkplatz sich der Sackgasse ergeben muss.

Lubenice, so nennt sich der Ort aus wenigen alten Karststeinhäusern, deren Prüfungen durch Wind und Wetter man ihnen ansieht. Sie fügen sich natürlich in die schroffe Landschaft ein und säumen den steilen Grad, der den Hang zum tief unten sichtbaren Meeresspiegel mit der kleinen Siedlung abschließt. Eine wirklich kleine Kapelle hat den Menschen hier oben lebenslang Trost gespendet, wie den wenigen greisen Frauen in schwarzen Gewändern, die dort Schokoriegel und Postkarten verkaufen. Ohne diese Art von Trost kann man es sicher schwerlich aushalten, in solch einer Einöde zu leben. Der sensationelle Blick und die spektakuläre Lage allein können das wohl nicht aufwiegen, denn es gibt kein Hotel oder überhaupt eine Fremdenunterkunft, also keine zusätzlichen Einnahmen als aus der dürftigen Landwirtschaft. In sehr frühen Zeiten waren die meisten Ankömmlinge, die man von hier aus ausmachen konnte, wohl eher Feinde als Freunde, und ein überlebenswichtiges Misstrauen kann man nicht einfach abschütteln. Die weißen Segelboote tief unten gehören jetzt friedlichen Naturfreunden, nicht Piraten, auf dem dunkelblauen Grund suchen sie nah am Küstenrand einen Liegeplatz, machen Rast, gehen baden und tauchen ab, ohne irgendjemanden zu stören oder gestört zu werden, aber Freunde oder gar Gäste des Ortes sind sie nicht. Mit diesem kurzen Einblick in die Existenzumstände des Dorfes auf spärlicher Heide macht man, in Gedanken versunken, kehrt und bricht zu neuen Ufern auf. Das Navi wird's schon richten, aber auch ohne kann man gar nicht anders, als dem Weg zu folgen, dem richtigen, dem

Insel Cres bei Loznati, Gehege wilder Wiesen für Schafe?

einzigen, bis man auf der ausgebauten Straße wieder landet, die inzwischen streckenweise fast einer zweispurigen Autobahn ähnelt.

Nur wenige Straßenkilometer und man ist auf der Höhe des Dorfs Loznati. Dort sollte man abbiegen und einkehren. Wer nicht nur Lämmer mag, sondern sie auch zum Fressen gernhat, ist in der „Konoba Bukaleta" richtig. Dieser Geheimtipp ist inzwischen schon fast keiner mehr. Die ausgezeichneten Speisen und das Internet haben dafür gesorgt. Auch dises Lokal ist ein Familienbetrieb wie sehr viele andere der Region, aber nirgendwo sonst werden die Salzweiden-Lämmer so fachkundig fein gegart, dass man sich unweigerlich dem zarten Fleisch mit harter Kruste ebenso wie der wilden Adria-Insel liebend gern hingibt. Der einfache Rotwein reicht, um das Mahl abzurunden. Es wird einen wundern, wie wenig es braucht, um solche Köstlichkeiten zu zaubern, wie wichtig doch Erfahrung und das richtige Gerät sind, um die ganze Fülle der Natur in einem so populärem Gericht besonders munden zu lassen. Bei kühlerem Wetter wärmt die rot leuchtende Glut der Holzkohle auch die Tische auf der Terrasse neben dem Grill.

Der vom Fährschiff aus gesehene schroffe, fast vegetationslose Teil der Insel lässt einen über die unterschiedliche Nutzung der Erde auf kleinstem Raum staunen. Erst Landwirtschaften, nun eine Art Urwald aus lichtem Blattwerk, dessen Büsche, dünne Bäume und Bambus wild die Straße umgeben. Plötzlich glänzt auf der rechten Seite ein stiller Wasserspiegel durchs Dickicht. Ein dunkler See, der eine Krateröffnung zu verstecken scheint. Auszusteigen und sich dieses Naturunikum anzuschauen, lohnt allein, weil man ihn anders sieht, wenn man weiß, was ihn so besonders macht. Seine Ufer sind ohne Strand, sie fallen steil ab, der Zugang ist bewachsen und das Schwimmen ohnehin verboten. Verboten ist auch, ihn zu befahren, da er die gesamte Trinkwasserversorgung beider Inseln sichert. Er ist nicht nur fünf Kilometer lang und eineinhalb Kilometer breit, sondern auch 83 Meter tief! Damit liegt sein Grund 13 Meter tiefer als der Wasserspiegel des ihn umgebenden Meeres. Reines Süßwasser liegt unberührt also unter dem übermächtigen Salzwasser? Wie geht das denn? Diese Frage hat so manchen Forscher schon beschäftigt. Und die Fragen bleiben, denn man kann der Herkunft des Süßwassers bis zum Quell kaum folgen. Regenwasser allein ist das nicht. Sicher ist, dass die weite Karstlandschaft, als Ausläufer der kalkigen Alpen, so manche Laune hat, die für vielerlei Überraschungen auch in Istrien und dem Kvarner sorgt. Immer wieder kann man beim Bad an den Küsten feststellen, dass, je nach Jahreszeit, beim Schwimmen sich die Temperatur erheblich ändert. Dabei ist es sicher, dass es am Meeresgrund viele natürliche Einlässe gibt, die das Regenwasser an Land weite Wege im Höhlen- und Spaltensystem des weichen Karstgesteins finden lässt, um sich dann im Meer draußen ins Salzwasser zu ergießen, und aufsteigt, manchmal kalt, hin und wieder warm. So nimmt man tatsächlich an, dass dieser See von Vrana sich durch eine solch lange Flussröhre speist, die sich unter der Scampi-Straße im Meeresgrund ihren Weg bis auf die Insel Cres gebahnt hat. Eigentlich ein Wunder, wenn man die Reinheit des salzfreien Wassers und die Wasserspiegelhöhe, die gut 50 Meter über dem Meer liegt, bedenkt. Nach dem Pascal'schen Gesetz zweier kommunizierender Gefäße steht das ankommende Wasser genauso hoch wie das abgehende. Danach könnte die Herkunft wirklich im entfernten Istrien liegen. Die umliegenden Anhöhen am See sind mehr als 400 Meter hoch, über dem See kreist eine handvoll dunkler Wächter, Bartgeier suchen das menschenleere Gebiet nach Beute ab. So liegt es da, dieses Trinkwasserreservoir, nur wenig geschützt, doch es wäre eine Katastrophe, wenn der Nachfluss irgendwo unter dem Meer einmal anders abbiegen oder durchlässig werden würde.

Das lange Gleiten nach Osor vergeht wie im Traum. Die außergewöhnliche Form dieses Inselduos, die vielleicht gerade noch einem ausgefallenen Insekt, wie der Sonnenanbeterin oder einem Granatkrebs, ähnlich ist, lässt immer wieder überraschende Blicke über freie Felder, zerzauste Kiefern und spitze Felsen auf ferne Horizonte links und rechts zu. Ich unterbreche die Fahrt in einem Ort, der bis in die Sage der Irrfahrten des Odysseus zurückreicht. Der ehemalige Bischofssitz hat noch immer seinen Dom der heiligen Maria (Sveta Marija) seit dem 15. Jahrhundert. Zuerst bin ich ein bisschen enttäuscht, weil die Realität a priori der sagenumwobene Geschichte nicht standhält. Das ändert sich beim Begehen dieses kleinen Fleckens an der südwestlichen Nahtstelle von Cres mit Lošinj schrittweise. Wenn die intensive mediterrane Mittagssonnenwärme durch die laue Brise, die über diesen meerumschlungenen Zipfel weht, abgemildert wird und im Schatten graumoosiger Mauern die Luft steht, kann man das vergangene Leben zwischen ihnen langsam erahnen, aber immer noch kaum glauben, dass diese Stadt einmal die Inselhauptstadt abgab, Bischofssitz war, also welche Bedeutung sie in alten Zeiten gehabt haben soll angesichts der 70 Menschen, die hier heute noch leben.

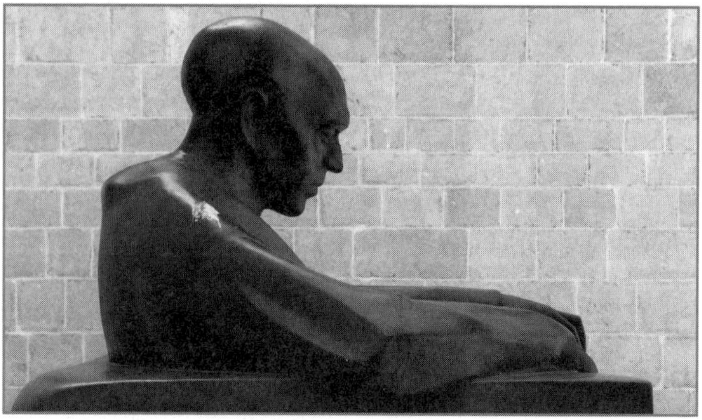

Osor, auf der Skulpturenstraße auch der Komponist und Dirigent Jakov Gotovac

Die kleinen Läden sind mit Handwerksobjekten, Galerien mit der Kunst Einheimischer Anziehungspunkte vor allem für die Touristen des nahen Campingplatzes Bijar. Dieser liegt in den unendlich scheinenden Kiefernwäldern des umliegenden Küstengebietes versteckt. Musiker zieren als Skulpturen die Gässchen. Vor dem prächtigen Renaissanceportal des Doms am Hauptplatz steht eine bronzene Flötenspielerin des einst berühmtesten Bildhauers Kroatiens, Ivan Meštrović (1883–1962), und um die Ecke sitzt der Komponist Jakov Gotovac (1895–1982).

Hörgenüsse gibt es jedes Jahr bei den sommerlichen Klassikkonzerten im Dom, die sich einen Liebhaberruf erworben haben. Die meiste Zeit erzeugen Zikaden einen fast dauerhaften Klangteppich über den Resten romanischer Kirchen, der Zisterne und den Teilen der alten Wehrmauer des damals größeren Stadtgebietes. Das ehemalige Rathaus mit seinem Uhrturm ist jetzt ein Museum. Unten wird die Loggia als Lapidarium, oben für eine archäologische Sammlung genutzt (im Sommer von 9–11 und 18–21 Uhr geöffnet). Im Garten des „Buffet Osor“ locken herrliche Fischgerichte und kühler Malvazia. Spätestens dann spürt man die Magie des Ortes, selbst

Kunstwerke sind die neue Attraktion des ehemaligen Bischofssitzes.

wenn man den berühmten Kanal noch gar nicht gesehen hat.

An dieser geografischen Nabelschnur hingen beziehungsweise trennten sich die beiden Inseln. Denn als Odysseus kam und seine Sklaven eine erweiterte Furt graben ließ, damit er nicht die ganze Insel umschiffen musste, soll es geschehen sein, dass sie getrennt wurde. Nun, es ist wirklich eine Landenge, deren Durchfahrt heute dank Betonmauern schiffbar geblieben ist. Zweimal am Tag wird die ebenfalls sehr schmale Drehbrücke von einem offiziellen Wärter geöffnet. Ein Horn kündigt die Aktion zu den bekannten Zeiten an. Die Segelboote, aber auch einige höhere Jachten bringen sich in Stellung und gleiten dann rasch, fast geräuschlos mit Hilfsmotor durch die niedrige Landkrume. Nach ein paar Minuten ist der Weg über die mit Holzbohlen belegte, einspurige Stahlbrücke für den Straßenverkehr wieder frei, und vor einem liegt der höchste Berg der Insel Lošinj, der Televrina (589 m), nahe dem kleinen, hübschen Hafen Nerezine. Eine zweistündige Wanderung verschafft einem einen wundervollen, weiten 360-Grad-Blick über diese zweieiigen Zwillinge und andere kleine Eilande, wie Zeča und Unije, bis Pag und zum Velebit-Gebirge. Zur anderen Seite hin liegt die Küste Istriens von Medulin bis nach Opatija.

Ab jetzt wird's nach und nach karibisch. Vorbei an den kleinen Siedlungen, die in die Vegetation des Hangs eingebettet liegen, geht es über eine kurvige Straße zum schmalsten Abschnitt dieser Insel. Im Nu bin ich auf Meereshöhe. Auf beiden Seiten Wasser, der Weg gesäumt von Bäumen, rechts der Sportflughafen, vor mir die lange Bucht der Stadt Mali Lošinj und allerorts immer mehr Platanen und Palmen in tropischem Mikroklima. Es ist schwül.

Die Wärme fühlt sich an, als sei man räumlich viel weiter versetzt. Das geht natürlich nicht ganzjährig, wir sind immerhin auf Mitte der Nordhalbkugel der Erde. Im Winter auch zeitweise in den Zwischenjahreszeiten, können besonders der Kvarner, aber auch Istrien von gewaltigen Stürmen und kühlen Regenwettern heimgesucht werden. Mistral, Jugo, der Schirokko und die Bora sind die luftigen Gesellen, die ihre unterschiedlichen Kräfte aus den vier Himmelsrichtungen zusammenziehen und hin und wieder Respekt fordern. Hier im Südwesten ist der Kälteste, Garstigste von ihnen, die Bora, kaum einflussreich und lässt damit eine vielfältigere Flora zu. Diese verleiht der Insel einen besonderen Charme und macht Mitteleuropa schneller vergessen.

Die Spuren der Vergangenheit, besonders die der habsburgischen Zeit, lassen sich in der Architektur nachspüren. In Form von Villen, Markthallen und Amtshäusern erinnert man sich ganz selbstverständlich ihrer Ära. Der noch junge, sich motorisierende Verkehr zu Land und zu Wasser befeuerte diese Träume. Im 19. Jahrhundert entdeckte man also die privilegierte Lage neu und machte sie zur Vorreiterin des touristischen Zeitalters. Es wurde eine Renaissance des Kleinen (Mali) Lošinj, besonders der geschützten, länglichen Bucht wegen. Als es mit der Gegend bergauf ging, entstanden plötzlich üppige Villen und Bürgerhäuser rund um den fjordähnlichen, konisch zulaufenden Hafen. Hunderte Masten großer Segler zeigten sich dort, lagen an den Kais. Werften wurden gebaut und es man geforstete auf. Das Klima bot den Vorteil und es wurde genutzt. Rund um die innere Bucht wuchs eine stattliche Häuserzeile hinter den Kais für Fischer-, Handels- und Luxusboote. Die Reeder und Kapitäne wurden wohlhabend, bauten Herrenhäuser und Hotels im Ort. Oft gar versteckt, um die herrlichen kleinen Buchten im Westen hinter der Anhöhe für sich zu haben, wie beispielsweise die von Čikat, die zeitweise die bestbesuchte Sommerfrischedestination der Adria wurde. So wuchs die jüngere und lange Zeit kleinere Siedlung Mali Lošinj deshalb zum Hauptort – ja bis heute zum einwohnerstärksten (ca. 7000 Personen) Städtchen der Kvarner-Inselwelt. Die ältere, darum ursprünglich größere (Veli) Niederlassung erster Siedler, ist der weitere drei Kilometer südlich gelegene Ort Veli Lošinj, der knapp vor dem Kap zur Kvarnerić, wie hier die See genannt wird, zu finden ist. Er ist bis heute idyllisch intim und hat noch immer eine so schmale Zufahrt in den lebensnotwendigen, schluchtartigen, kleinen Mandrac für die Boote, dass er mit Mali Lošinj nicht konkurrieren konnte. Diese Öffnung des Städtchens nach Südosten war durch Seeräuber aus Senj sehr gefährdet. Seit 1455 steht in dem engen, malerischen Häuser- und Gassendickicht der Uskokenturm als Mahnmal für zahlreiche bittere Überfälle vom Meer her.

Die Folgen aus der Zeit der Abholzung sind immer noch kaum vorstellbar. Venedig wuchs und wurde prächtiger, die Flotten auf der Adria stets zahlreicher, und auf den nackten Inseln herrschten zunehmend Verwüstung, Armut und Bevölkerungsrückgang.

Inzwischen, durch den Aufschwung während der Habsburger-Ära, stellte sich fast schlagartig der Wandel zum Besseren ein und mittlerweile wirkt es auf uns eher wieder paradiesisch. Die durch das Mikroklima begünstigte Natur macht die vergangene Not mit üppiger Vegetation leicht vergessen. Es gibt eine blühende, aber bescheidene, doch abwechslungsreiche

Landwirtschaft und artenreiche Wälder. Olivenhaine, Obstplantagen, Weiden und Gemüsefelder schmiegen sich an die Hügel der Karstinsel. Beim großen dreieckigen Platz im inneren Hafen von Mali Lošinj liegen an Markttagen Kutter und Boote mit ihrem opulenten, bunten Programm heimischer Früchte unter den Schatten spendenden Markisen. Sie können direkt am Kai von Bord eingekauft werden. In einem kleinen Säulentempel an dieser Wasserfront ist ebenfalls geschäftiger Betrieb. An Steintischen im lichten Innenraum werden alle Arten von Meerestieren präsentiert. Hochgeschürzte Frauen in Gummistiefeln sortieren Kisten und nehmen Fische aus. Katzen lauern im Eingangsbereich auf Leckerbissen. Die hölzernen Kutter draußen, die sich an den langen Kais reihen, bilden mit ihren Masten, Focksegeln und Kajüten ein buntes Bild harmonischen Wirtschaftslebens. Da viele der Fassaden der alten Häuserzeile renoviert und in die aufgegrabenen Straßen Leitungen verlegt werden, viele Hotels ein neues Äußeres und modernes Ambiente herzeigen, kann man glauben, dass die Idylle hält, was sie verspricht. Als die Wende vom manuellen zum maschinellen Zeitalter sich auch hier vor etwa 100 Jahren vollzog, ging der Wohlstand des 19. Jahrhunderts nämlich jäh zurück. Die folgenden zwei Weltkriege taten ihr Übriges und so verkam damals die neu gewonnene Pracht wieder. Die neu aufgekommene Freude der friedlichen 1950er-Jahre am wiedergewonnenen Freiheitsgefühl und das offene Bekenntnis zur Profilierung der Jugoslawien-Politik als Treffpunkt internationaler Jugend sorgten für neuartigen Fremdenverkehr und brachten Aufschwung. Inzwischen ist die Wende von der analogen zur digitalen Wirklichkeit die Herausforderung, sie scheint zu gelingen und die notwendige Prosperität zu beflügeln.

Die nahen Buchten von Čikat sind wieder das Urlaubsrefugium von einst, Hotspots für alle Generationen sowie FKK-Liebhaber, Surf- und Segelfreunde, Taucher und entspannte Sonnenanbeter mit gepflegtem kaiserlich-königlichen

Im Stadtteil Čikat, dem Kurviertel von Mali Lošinj steht auch diese Villa Sissi.

Ambiente unter großen Pinien mit oft blütenreichen Gärten – da bleiben nur wenige Wünsche offen. Allenfalls ewige Sehnsucht und ungestillte Neugier treiben einen fort von hier.

Zum Hafen von Mali Lošinj folgt man von Čikat einem Fußweg durch den lichten Wald über den kleinen Hügel und ist gleich in den Gassen hinter den Kais, dort wo alle Schiffe anlegen. Die Fähren nach Pula, das Tragflächenboot nach Rijeka, das manchmal auf der Insel Sušak zwischenlandet, und auch die die Touren nach Unije, dem kargen Eiland nordwestlich, sowie zu den anderen Miniinseln Zeča, Vele und Male Srakane westlich von Lošinj anbieten, gehen hier ab. Man kann auch Boote mit Skippern mieten.

Es ist immer schön, auf See zu sein bei gutem Wetter (300 Sonnenstunden werden hier durchschnittlich im Jahr gezählt) und einem frische Luft um die Nase weht. Ein Tagesausflug reicht aus, um sich auf die Umgebung im Meer einmal richtig einzulassen. Sušak ist auf sonderbare Weise einzigartig in dem Archipel des Kvarner und an Istriens Küsten, weil es ganz und gar aus Sand, feinem Lössboden und Lehm besteht, also Karstgestein fast gänzlich vermissen lässt. Man tuckert in einer Barkasse etwa eine Stunde dorthin und macht am Kai vor einem breiten Streifen feinsandigem Strand fest, der unter dem seichten türkisfarbenen Wasser liegt. Dieser ist auch der Grund für die wenigen einfachen Häuser, die die Unterstadt ausmachen. Zur Oberstadt von Sušak überquert man die kleine Sandebene mit spärlichem Grasbewuchs und einigen wenigen Bäumen, bis man den Saum dichten Bambuswaldes erreicht. Der Weg, der durch die ungewohnte Vegetation zu einer Treppe leitet, bringt einen auf die hohe Kuppe der zu bewältigenden Sanddüne und damit in die Gassen der Oberstadt. Außer einem Zweiradtraktor mit Einachsanhänger gibt es hier kein motorisiertes Fahrzeug – ein KFZ-Wrack im Gebüsch beweist die Sinnlosigkeit.

Der Begriff Stadt ist natürlich übertrieben, klingt aber besser als Dorf, immerhin sagt man dies auf Helgoland und anderen Inseln ebenso und man will doch international sein – weltoffen. Hier vielleicht mehr als irgendwo sonst, denn es ist ein offenes Geheimnis, dass die isolierte Lage die Gefahr der Inzucht nicht nur nahelegt, sondern wirklich zum Problem werden ließ. Das hat aber sicher nichts damit zu tun, dass die traditionelle Tracht, die jede Region an der Adriaküste vorweisen kann und die oft unter UNESCO-Kulturwelterbe steht, hier für die Frauen eine rotsamtene Ausstattung vorsieht, die, mit drei Unterröcken in Weiß versehen, ungewöhnlich kurz ist – also einem Minirock gleichkommt. Allerdings gehören dazu rote Wollsocken am Bein, auch bei Hitze. Der männliche Part der Trachten weist keineswegs so fantasievolle Unterschiede zu anderen Volksregionen auf wie die der Mädchen und Frauen, sie halten sich mit weißen Leinenhemden, schwarzen Gilets und ebensolchen Pumphosen zwar smart, aber bäuerlich uniform zurück.

Und, man sollte es nicht für möglich halten, dass hier auf Initiative eines ausgewanderten junges Mannes, der es in London zu einem erfolgreichen Grafiker gebracht hat, alle zwei Jahre eine internationale Kunstbiennale abgehalten wird. Eine selbst ernannte Alternative zu Venedig also. Über das Internet kann man Einblick bekommen und sich bewerben. In Zusammenarbeit mit der städtischen Galerie von Mali Lošinj finden auf Sušak skurrile, aber sehr engagierte Aktionen statt. Es werden Kunstobjekte ins Alltagsleben integriert – immer wieder scheint irgendwo etwas Ungewöhnliches auf, z. B. im Weinkeller, im Gasthaus, am Strand, an einer Gassenwand oder im freien Gelände. Die Administration zeigt in Mali Lošinj dazu eine Dokumentation etlicher Objekte und Bilder der Teilnehmer aus Tschechien bis Japan, von Deutschland bis Australien, von Wien bis Rio.

Eine schöne kleine Landwirtschaft mit Wein und Getreide überzieht einen Teil der Düne. Zur offenen See hin ist sie durch schwarze Vulkanfelsen auf natürliche Weise gesichert. Schroff sind sie, mit vielen spitzen Ecken und kleinen Badepfützen, können aber vorsichtig, erlebnisreich erkundet werden. Das Dorf, die Oberstadt, hat enge Gassen, romantische Weinkeller, ein ganz einfaches Gasthaus und immer wieder sieht man Schubkarren als Transportmittel. Die Luft ist feuchtwarm, die Stimmung feuchtfröhlich – man scheint hier mit sich selbst

Alternative Biennale-Künstlerin am Strand der Insel Sušak

und ein paar Gästen sehr zufrieden zu sein. Die Welt da draußen ist weit weg. Das Unikum, auf der einzigen Sanddüneninsel zu leben, ist oft untersucht, aber nie ganz geklärt worden. Vermutlich ein langzeitliches Phänomen, das der Schirokko-Wind durch seine feine Fracht aus der Sahara erzeugt.

Dann deutet sich plötzlich ein Ereignis an, es scheinen sich alle 150 Bewohner zur Hafenmole zu begeben. Ach ja, das Tragflächenboot aus Rijeka wird erwartet. Tatsächlich sieht man es sich vorher kaum nähern, es ist plötzlich da und gleitet fast lautlos in die flache Bucht. Mit viel Lärm steigt dann der Rumpf zur Weiterfahrt aus dem Wasser und man ist in zwanzig Minuten wieder an der Einfahrt des Hafens von Lošinj. Es ist ein schönes Heimkommen, wenn gegen Abend der venezianische Glockenturm von Santa Maria den Weg in die kleine Urbanität mit seinen Cafés und Restaurants in der dunkelblauen Bucht weist.

Die Anhöhen Grgoščaka und Pogled, was beides Ausblick heißt, südlich von Veli Lošinj, liegen immerhin 242 Meter hoch und verleihen einem ein weites Panorama über die Meeresoberfläche, aus der die Eilande um das Kap am Ende Lošinjs wie Schildkrötenrücken herausschauen. Da liegen Ilovik, Sveti Petar, Vele und Male Orjule sowie weiter östlich Hrvatska Bik, Paracol und Oruda – klingt auch ein bisschen exotisch, vielleicht sogar karibisch wie das Klima hier. Geht man über den Weg beim Friedhof in den kuscheligen Ort zurück und hält auf diesem kurz inne, dann findet man dort verblassende Bilder auf Grabsteinen auch von Österreichern, die hier gelebt haben, oft Matrosen und Kapitäne, die noch bei der k. u. k. Marine gedient haben. Nachdenklich geht es weiter, bis man bei Sveti Anton in dem gedrängelt vollen Mandrač, dem winzigen Hafen von Veli Lošinj, wieder im Zentrum zurück ist. Im hohen, dunklen Kirchenschiff von Sveti Anton sichtet

Das angenehmste Fortbewegungsmittel auf der Insel diesen Klimas wie Lošinj

man schnell eine wahre Pinakothek. Beeindruckend, hängen hier doch Bilder von venezianischen Meistern dicht bei dicht und öffnen dem Besucher die Augen. Ein Schattendasein seit Jahrhunderten, gut geschützt vor zerstörerischem Sonnenlicht. Die Kirche wurde 1450 erbaut, später von reichen Reedern und Kapitänen im 18. Jahrhundert im Barockstil renoviert.

Gegenüber stehen terrassenartig alte Paläste, ein Restaurant mit Laube und es gibt ein Arboretum, ein Baummuseum, als Park um eine 1885 erbaute Villa, die heute ein Sanatorium ist. Die vielen schönen Farben der üppigen Gegend dort lassen einen tief durchatmen und genesen.

Die Fahrt zurück nach Cres fällt möglicherweise ein bisschen schwer, wie es eben ist, wenn Schönheit betört, aber sie lässt alles noch einmal sichtbar Revue passieren und wird selbst zum angenehmen Rausch durch die facettenreiche Natur. Das versüßt den Abschied. Jede erste Rückfahrt auf einem neuen Weg eröffnet auch eine neue Sicht, und der Nordteil der Insel Cres nach Istrien hin hat dann wieder eine ganz andere Charakteristik.

Von der Abbiegerstraße aus Merag, wo es zur Fähre nach Krk geht, mäandert die Piste zwischen den Natursteinmauern noch durch einige Felder mit braunen Gräsern und niedrigen Bäumen hinauf zum Dorf Predošćica. Hier fällt die originäre Schlichtheit gleichermaßen wie die abseitige, spektakuläre Lage sofort auf. Trotz allerbester Aussicht möchte man doch nicht mit den Einwohnern tauschen. Hochachtung und Bewunderung! Ein paar wenige Häuser mit kleinen Nutzgärten davor, eine Kirche natürlich auch – und das war‘s. Das sensationelle Panorama, wie aus Sicht der kreisenden Geier, zeigt die ganze südöstliche Szenerie: Da liegt die flachere Insel Krk, dort Plavnik, Rab und immer wieder diese spezielle Adria-Region mit der sie befriedenden Bergkette des Velebit.

Die Lage, die die Menschen hier in einer Art Adlerhorst haben, lässt erahnen, welchen Härten sie auch ausgesetzt sind.

In dieser Höhe über der Meeresbucht zwischen Istrien und Dalmatien, wo die gefürchtete Bora zu Hause ist respektive immer wieder schlagartig auftaucht, ist man ihr schutzlos ausgeliefert, ebenso wie in dem vorher besuchten Lubenice. Der scharfe, kalte Mistral aus Westen, die eiskalte Tramontana von Norden im Winter bringen oft Schnee, und der heimische lauwarme Südwind, der Jugo, saugt sich über der langen Küste mit Wasser aus dem Meer voll, um ihn hier massiv wieder fallen zu lassen. Allein der südwestliche Schirokko liefert aus beträchtlicher Höhe Hitze weit aus der Sahara herüber. All dem muss man hier oben also besonders gewachsen sein.

Die Fahrt auf der Insel-Magistrale zwischen der Fähre von und nach Istrien fühlt sich hier nicht so an wie im Süden, denn sie ist oft schmal, immer kurvig, immer zwischen Kalkfelsen und Steinmauern eingebettet, flankiert von ausladenden Feigenbäumen, Steineichen und Walnussbäumen. Schon bald kommt man an einen Schnittpunkt mit der Abzweigung Richtung Beli. Der Weg ist spektakulär, man fährt auf schmalem Grat, der gut einen halben Kilometer über dem Meer liegt und den Blick nach beiden Seiten freigibt. Leicht kann man sich in einer Pilotenkanzel wähnen und fliegt förmlich über der Adria für einige Hundert Meter dahin, bevor der die Ost- und Westküste trennende noch höhere Kamm, der 648 Meter aufragende Gorica, auftaucht. Wer sich weiter mit dem Fliegen beschäftigen will, biegt nach Beli ab.

Dieser winzige Ort ist der Endpunkt der ausgebauten Straße an dieser steilen Ostküste und hat sich dem Schutz der Weißbartgeier verschrieben. Und man kann sie besuchen. Behutsam teilen die Wildschützer der ornithologischen Station Caput Insulae die Besucherzahl ein, die mit einem Boot die Steilküste entlang einen Trip zu den mehr als hundert Meter hoch gelegenen Horsten unternehmen wollen. Diese Riesenvögel mit ihrer Flügelspannweite von bis zu 2,60 Metern sind ja schon ewig in Europa heimisch, meist aber heute nur noch

Ausgewiesenes Bartgeier-Schutzgebiet um den Ort Beli auf der Insel Cres

als aasvertilgende Polizei der Natur auf der Südhalbkugel bekannt. Sie genießen, ihrer blutigen Fressgier wegen, zu Unrecht keinen besonders guten Ruf. Die weit ausgespannten Schwingen mit den typisch abgespreizten Federn sind am Himmel leicht zu erkennen. Nur selten sind sie allein unterwegs, ziehen elegant, meist viele Minuten lang ohne einen Flügelschlag, in großen Kreisen dahin, lassen sich durch die Thermik reglos tragen, um nicht unnötige Unruhe aufkommen zu lassen, während sie die Gegend nach gehandicapten und toten Bodentieren absuchen. Sie sorgen also für Ordnung in der Fauna. Da durch die Jagd der Menschen, auch auf die Weißbart- und Gänsegeier, sowie durch den massiven Ausbau der Infrastruktur und Flurbereinigung der völlig ungefährliche Verwandte des Kondors in Europa fast ausgestorben war, haben Vogelkundler die Initiative ergriffen. Inzwischen steht die Spezies unter Naturschutz und wird wieder Mitglied in der natürlichen Kette der Tierwelt. Die wenigen Geierschützer stehen miteinander in Verbindung, besuchen sich und profitieren gegenseitig von den Erfahrungen der anderen.

Im Raurisertal der Hohen Tauern in Österreich hat sich lange schon eine Station von Ornithologen etabliert, die mit Beli in engem Kontakt steht. Hier finden die Vögel die Ruhe beim Brüten bis zur Aufzucht ihrer Jungen und können ihr Futter meist selbst finden. Frei bevölkern Kleintiere und Schafe Berg und Tal auf diesem wilden Teil der Insel in der Natur der weiteren Nachbarschaft im istrischen Raum und in der ganzen Kvarner-Bucht. Also, man kann sie zeitweise auch in weit entfernten Gegenden am Himmel entdecken.

Zurück am Schnittpunkt beider Seeblicke, dem auf die Srednja Vrata im Osten und der Vela Vrata im Westen, um über Letztere auf die Halbinsel Istrien überzusetzen, denn die Straße nach Beli ist eine Sackgasse.

Auf der hochgelegenen Hangstraße schwebt man leicht kurvig an scharfkantigen Kalksteinfeldern mit geduldigen Steineichen, die dichter werdende Vegetation beschwingt auf der Fahrt zum Fährhafen Porozina, wieder hinab auf Meeresspiegel-Niveau. In dieser schroffen Landschaft erlebt man den Wandel von wild bis romantisch ganz pur. Die unendlich vielen scharfen, spitzen, hellen Steine lassen Schlangen, Skorpione und Echsen erahnen. Auch darin spielen Raubvögel und Geier ihre Rolle beim Gleichgewicht der Natur. Selbst wenn die Legende wahr sein soll, dass der heilige Gaudentius, Bischof von Osor (römisch Apsorus), die Inseln von Giftschlangen befreit hat, so waren es vielleicht doch mehrheitlich die Geier, die diesen Effekt auf die Region ausgeübt haben.

Hat man die kleine Hafenanlage an der bewaldeten Küste erreicht und sieht das weiße Schiff der Jadrolinija-Reederei vor istrischem Horizont auf sich zukommen, mischen sich ein wenig Wehmut mit freudiger Erwartung auf das wieder Neue da drüben.

Einfach und perfekt – so lieben es die Einheimischen

FISCH MIT MANGOLD-KARTOFFEL-PÜREE

Zutaten:
2 Doraden oder Wolfsbarsche à 300 g
(auch Makrelen oder Seehechte)
1 kg Kartoffeln/Erdäpfel
½ kg Mangold
2 Zitronen
2 mittelgroße Zwiebeln
Meersalz, Pfeffer, Knoblauch
Ölivenöl

Zubereitung:
Ausgenommene und entschuppte Fische mit Salz und Pfeffer einreiben, mit klein gehacktem Knoblauch und Petersilie füllen. Kartoffeln/Erdäpfel kochen und schälen. Mangold waschen und als ganze oder halbierte Blätter kochen, mit den Kartoffeln in einem Topf stampfend zerstampfen. Die Fische auf dem Grill oder in einer Pfanne knusprig braun braten.
Mit geviertteilt Zwiebeln oder in Ringen den Fisch garnieren und mit dem Püree servieren. Mit Olivenöl, klein gehacktem Knoblauch und Zitrone den Fisch nach Wunsch anrichten.

Konoba Bukaleta
Loznati 9a, 51557 Cres, Tel.: +385 51 571 606
Lamm vom Feinsten, Koteletts in allen Variationen, Grill-Gasthaus

Na Moru
Valun 65, 51557 Cres, Tel.: +385 51 52 50 56
Einfaches Gasthaus mit ausgezeichnetem Fisch in schöner Lage direkt am Wasser

Gostionica Belona
Šetalište 23, 51557 Cres, Tel.: +385 51 57 12 03
Eigenes Ölivenöl am Tisch mit guter Küche! Reservieren!

Konoba Roza
Grabar 40, 51557 Cres, Tel.: +385 51 57 18 25
Fisch in allen Variationen. Reservieren!

Gostionica Zaglav
Miholašnčica, 51557 Cres, Tel.: +385 51 57 43 25
Kleiner idyllischer Ort, gute mediterrane Küche

Restaurant Alfred Keller im Hotel Alhambra
Čikat 16, 51550 Mali Lošinj, Tel.: +385 51 66 11 11
alhambra@losinj-hotel.com, www.losinj-hotels.com

Konoba Dišpet
Sveti Martin 10, 51550 Mali Losinj, mobil +385 91 5691955
Bodenständig familiengeführt, top abseits der Touristenpfade

Bora Bar
Rovenska 3, 51550 Veli Losinj, Tel.: +385 51 86 75 44
www.borabar.net
Vegetarisch, glutenfrei, hausgemachte Pasta, spitze – mit herrlichem Blick!

Sušak – ein regionaler Tipp für Freunde des Besonderen!
Aus der Zeit vor der Reblausplage hat sich auf der Insel Sušak die Rotweinsorte Trojišćina erhalten. Sie liebt sandigen Boden und ergibt einen eigenwilligen, veilchenblauen Wein. Das Weingut Katunar baut die Rebsorte auch auf der Insel Krk an. Wenn man auf diesen Wein trifft, sollte man ihn unbedingt verkosten.
www.katunar.hr

Ein zuverlässiger Taxi-Dienst für individuelle Ausfüge und Transfers (etwa Flughafenhotel) ist **Istra-Transfer**. Sichere Kindersitze für verschiedene Altersstufen werden auf Vorbestellung eingebaut, für Bike-Shuttles stehen ebenso Fahrzeuge bereit. Gutes Preis-Leistungs-Verhältnis. Sehr freundliche, auch deutschsprachige Fahrer
Tel.: +385 98 939 746 700
www.istra-transfer.co

Segeln mit Freude
www.segel-mit-joy.de

Istriens Meeresboden birgt unzählige Geschichten in Form von gespenstischen Schiffswracks, Riffen und Höhlen. Der 1913 vor Rovinj gesunkene Luxusdampfer Baron Gautsch zählt zu den 50 schönsten Unterwasserzielen der Welt.
Ein beeindruckendes Schauspiel für Taucher bietet das Wrack des 1879 in Großbritannien gebauten und 1914 gesunkenen Frachtdampfers Lina. Das Stahlschiff liegt 50 Meter südlich des Kap Pečen (Cres) in einer Tiefe von 30 (Bug) bis 52 Metern (Heck). Die nächstgelegene Tauchbasis ist „Diving Cres“. Zu den Top Five in Kroatien zählen das 1912 gesunkene Stahl-Dampschiff Lina vor der Insel Cres und der 106 Meter lange Frachter El Hawi Star bei Rijeka. Das Wrack des griechischen Frachters Peltatis liegt direkt vor der Küste der Insel Krk und gilt als eines der schönsten Wracks in der Kvarner-Bucht.
Infos über Tauchzentren, Unterwasser-Highlights, Wracks, Riffe, Adressen u. v. m. liefert die Download-Broschüre **Istra Diving**.
www.istra.com
www.kvarner.hr
www.diving.de

Als Orientierungshilfe können Kulinarik-Guides Zeit und Nerven sparen. Seit 2003 ist Istriens Gastronomie im renommierten Guide **Gault & Millau** vertreten, in dessen Österreich-Ausgabe 2018 17-mal eine Haube, 6-mal zwei Hauben und einmal drei Hauben vergeben wurden.
www.gaultmillau.at

Der **Wirtshausführer** widmet sich bevorzugt bodenständiger Gastlichkeit mit einer kostenlosen App für Smartphones, Tablets und Computer, und seit 22 Jahren bietet der lokale Wegweiser Istra Gourmet Bewertungen, interessante Lektüre zur istrischen Küchentradition sowie Informationen und alle relevanten Adressen von Winzern, Olivenölproduzenten, Restaurants und Konobas
www.wirtshausfuehrer.at
www.istra.com/de/aufenthaltsplanung/broschuren/istrien

Literaturnachweis

Amodé, Martin: Istrien, Polyglott Verlag, München 2002.

Amodé, Martin / Wagner, Christoph / Westermann, Kurt-Michael: Der Kvarner – Die schönste Bucht der Adria, Carinthia Verlag, Klagenfurt 2005

Beyerle, Hubert: Kroatische Adriaküste, Dumont Verlag, Köln 2016.

Fink, Humbert: Adriatisches Ufer, Molden Verlag, Wien 1978.

Rada, Uwe: Die Adria. Wiederentdeckung eines Sehnsuchtsortes, Pantheon Verlag, München 2014.

Sievers, Gerd Wolfgang: 111 Orte Istriens, die man gesehen haben muss, Emons Verlag, Köln 2016.

Danksagung

Für den muteinflößenden Anstoß, einmal über diese Gegend, die mir inzwischen wie eine zweite Heimat ist, zu schreiben, sodass man mehr von der Kvarner-Bucht und seinem Mutterland Istrien nach einem Aufenthalt mitnimmt als „nur" Erholung und sommerliche Erinnerungen, bin ich einer Reihe von Menschen, von Freunden der Insel Krk und aus Wien, sehr dankbar. Dazu gehören besonders mein Verleger Bernhard Borovansky, die Musiker Stane Göderer, die fröhlichen Wirte Celko und Zoran sowie die Künstlerin Eva Amodé und meine Frau Elisabeth Vidotto.

Meinem schreibenden Kollegen und Freund Martin Amodé, der bereits seit den 1960er-Jahren dort auch ein Zuhause hat, deren Sprache spricht und als Autor in München regelmäßig über Themen am Balkan in namhaften Medien berichtet, verdanke ich ein Gutteil an Einfühlungsbereitschaft und Kenntnissen der kroatischen Mentalität gepaart mit seiner vorbildlichen, kritischen Toleranz.

Dem A.R.T. Redaktionsteam aus Salzburg um Wolfgang Neuhuber und Karin Hauenstein-Schnurrer, die für die Regionen Istrien und Kvarner im Jahreszyklus jeweils sehr schöne Magazine publizieren, bin ich für die langjährige freundschaftliche Verbundenheit, für Kontakte und aktuelle Informationen ausgesprochen sowie für die Vorlagen der verwendeten Karten sehr dankbar!

Damit sei auch den Tourismusverbänden Istriens sowie der Region Kvarner für die offene und gastfreundliche Unterstützung sehr herzlich mein Dank ausgesprochen!

Meinem langjährigen Freund und Kollegen Christoph Wagner, der, als profunder Historienkenner auch dieser Regionen und ausgewiesener Chef einschlägiger Gourmet-Medien, die Qualität in der Szene kritisch, lehrreich und unterhaltsam mitgeprägt hat, danke ich posthum für seine mitreißende Leidenschaft dieser Themen.

Seiner Frau Renate danke ich sehr für Freundschaft und Rezeptanteile.

Für die Gastwirte unterwegs habe ich höchsten Respekt, wie sie sich den Gegebenheiten der wechselnden Zeiten und Systeme angepasst haben und dabei ihre Traditionen immer wieder variieren, Qualität trotz Preis-Leistungs-Drucks verbessern und mit immer frischem Mut freundlich für Atmosphäre sorgen.

Speziell in Baška auf der Insel Krk proste ich Ivanka, Marianna und Martina, die in jeder Lage für Schnaps und Trost sorgen, zu! In Lovran sei Vjeko Martinko von der Villa Astra mein herzlicher Gruß und Dank ausgesprochen.